*Las mejores poesías
de la lengua española*

# LAS MEJORES POESÍAS DE LA LENGUA ESPAÑOLA

Ediciones 29

Mandri, 41 - 08022 Barcelona (España)

# Ediciones 29

Colección LIBRO ETERNO/II

Las mejores poesías de la lengua española
© 1988 Ediciones 29
Polígono Industrial Can Magí, c/. Francesc Vila, 14,
08190, San Cugat del Vallés (Barcelona), España
Tel. 93 675 41 35 - Fax 93 590 04 40.
Correo electrónico: ediciones29@comunired.com

ISBN: 84-7175-276-X
Depósito Legal: B. 1.730-2002
Impreso en España. *Printed in Spain*
© Cubierta: Equipo editorial
Imprime: Barna Offset, S. L..
Encuadernación: Frecos encuadernación, S.L.
Composición y montaje: Manuel Giménez

Octava edición: Octubre, 2002

Quedan rigurosamente prohibidas, sin la autorización escrita
de los titulares del «Copyright», bajo las sanciones establecidas
en las Leyes, la reproducción total o parcial de esta obra
por cualquier medio o procedimiento, comprendidos
la reprografía y el tratamiento informático y la distribución
de ejemplares de ella mediante alquiler o préstamo públicos.

Ediciones 29, registro editorial n.º 688

# Indice

Qué es la poesía .................................... 19

**LOS ALBORES** *(siglos XII al XIV)*
Anónimo
*Poema de Mío Cid* ........................ 39
Gonzalo de Berceo
*El labrador avaro* ........................ 39
Anónimo
*Poema de Fernán González* ................ 41
*Los siete infantes de Lara* ................. 43
*Libro de Apolonio* ........................ 44
*Poema de Alfonso Onceno* ................. 45
Rey Alfonso X
*Cantiga* .................................. 47
Anónimo
*Los grifones amaestrados* .................. 48
Rey Alfonso XI
*Cantiga* .................................. 49
Rabí Sem Tob
*Proverbios morales* ....................... 49
Juan Ruiz, Arcipreste de Hita
*Cantica de Serrana* ....................... 52
*De las propiedades que las dueñas chicas han* .. 56
Pedro López de Ayala
*Menosprecio de corte* ..................... 58
*Aquí fabla de la guerra* ................... 59
Anónimo
*El cantar de Rodrigo o crónica rimada del Cid* . 60
*Danza de la muerte* ....................... 62
Micer Francisco Imperial
*Desir a las syete virtudes* .................. 63

## ROMANCES *(siglo XV)*
### Marqués de Santillana
*Serranilla* .................................... 67
*De castidat* .................................. 69
### Anónimo
*Canción* ...................................... 69
### Juan de Mena
*Lorenzo Dávalos* ............................ 70
### Gómez Manrique
*Batalla de amores* .......................... 71
### Jorge Manrique
*Coplas a la muerte del maestre de Santiago Don Rodrigo Manrique* ................... 72
### Juan de Mena
*Coplas de la panadera* ..................... 76
### Anónimo ........................................
*Coplas de Mingo Revulgo* .................. 78
*La jura de Santa Gadea* .................... 81
*Abenamar* .................................... 82
*Romance de la hija del rey de Francia* ........ 84
*Romance de Fontefrida* ..................... 86
*Romance de la rosa fresca* .................. 87
*Romance del rey moro que perdió a Valencia* .. 88
*Romance de Bernardo del Carpio* ............ 90
*Romance del infante vengador* ............... 92
*¡Ay de mi Alhama!* ......................... 93
*Romance de Blanca-niña* ................... 94
### López de Maldonado
*Amor* ........................................ 96
### Anónimo ........................................
*Romance de Doña Alda* .................... 97
*Coplas* ....................................... 99
### Juan del Encina
*Villancico* ................................... 100
*Villancico* ................................... 102
### Anónimo
*Romance del Conde Arnaldos* ............... 103
*El prisionero* ................................ 104
### Lope de Stúñiga
*Crueles penas que da el amor* ............... 105
### Macías
*Cantiga en loores del amor* .................. 105

## SIGLO DE ORO (siglos XVI y XVII)
Gil Vicente
- *Cantiga* .................................... 109
- *Canción* .................................... 110

Juan Fernández de Heredia
- *Copla* ...................................... 110

Juan Boscán
- *Soneto* ..................................... 111
- *El ruiseñor que pierde sus hijuelos* ......... 112
- *Alocución de dos embajadores de Venus a dos damas de Barcelona* ....................... 113

Cristóbal de Castillejo
- *Visita de Amor* ............................. 115
- *Villancico* ................................. 116
- *Reprensión contra los poetas españoles que escriben en verso italiano* ................... 117

Garcilaso de la Vega
- *Canción* .................................... 118
- *A la Flor de Gnido* ......................... 119

Diego Hurtado de Mendoza
- *A una Dama* ................................. 122
- *Coplas* ..................................... 123

Gutierre de Cetina
- *Madrigal* ................................... 124
- *Soneto* ..................................... 125

Santa Teresa de Jesús
- *Versos nacidos del fuego del amor de Dios que en sí tenía* ............................... 125

Pedro de Andrade Caminha
- *Endechas* ................................... 128

Juan de Mal Lara
- *A imitación de Marcial* ..................... 129

Fray Luis de León
- *Vida retirada* .............................. 129
- *Francisco Salinas* .......................... 133
- *Noche serena* ............................... 135
- *Imitación de diversos* ...................... 138
- *Al salir de la Cárcel* ...................... 140

Baltasar del Alcázar
- *Cena jocosa* ................................ 140
- *Su modo de vivir en la vejez* ............... 145

Alfonso de Ercilla
- *La Araucana* ................................ 147

Fernando de Herrera
- *Por la victoria de Lepanto* ................... 148
- *Por la pérdida del rey Don Sebastián* ......... 155
- *Soneto* .................................... 158

San Juan de la Cruz
- *Que muero porque no muero* ............... 159
- *Coplas a lo Divino* ......................... 161
- *Canciones del alma* ........................ 162

Antonio de Villegas
- *Canción* ................................... 164

Juan de Timoneda
- *Canzoneta* ................................. 165

Gaspar Gil Polo
- *Canción pastoril* ........................... 166

Luis Barahona de Soto
- *Contra un poeta (Herrera) que usaba mucho de estas voces en sus poesías* ............... 172

Juan de Timoneda
- *Canción* ................................... 173

Miguel de Cervantes
- *Al túmulo del Rey Felipe II en Sevilla* ......... 173
- *Viaje al Parnaso* ........................... 174
- *Ovillejos* .................................. 176

Juan López de Úbeda
- *Romance de un alma que desea el perdón* ..... 177

Vicente Espinel
- *Redondillas* ................................ 180
- *Letrilla* .................................... 181

Lupercio Leonardo de Argensola
- *Soneto* .................................... 183
- *La vida en el campo* ....................... 184

Luis de Góngora
- *Letrilla burlesca* ........................... 185
- *Romance amoroso* ......................... 186
- *Romance burlesco* ......................... 188
- *Angélica y Medoro* ......................... 191
- *Soneto amoroso* ............................ 195
- *La más bella niña* ......................... 195
- *Dulce congoja* ............................. 198
- *El forzado* ................................. 198

Bartolomé Leonardo de Argensola
- *A la esperanza* ............................. 200
- *Soneto* .................................... 202

**Lope de Vega**
- *La Dorotea* ................................................. 203
- *Soneto* ...................................................... 205
- *Duerme, mi niño* ......................................... 206
- *Cantar de siega* .......................................... 207
- *Varios efectos del amor* ............................... 208
- *A la noche* ................................................. 208

**Guillén de Castro**
- *Diálogo entre un galán y una dama embozada, en un sarao* ................................................. 209

**Rodrigo Caro**
- *Canción a las ruinas de Itálica* ...................... 212

**Francisco de la Torre**
- *La cierva* ................................................... 213
- *Soneto* ...................................................... 216
- *Oda* ......................................................... 217

**Pedro de Espinosa**
- *La fábula del Genil* ..................................... 219

**Francisco de Quevedo**
- *Salmo XVII* ................................................ 222
- *Soneto a la brevedad de la vida* .................... 222
- *Letrilla satírica* ........................................... 223
- *Memoria inmortal de don Pedro Girón, duque de Osuna, muerto en prisión* ........................... 226
- *Epístola satírica y censoria* ........................... 227
- *Ya formidable y espantoso suena* ................... 233

**Juan de Jáuregui**
- *Afecto amoroso comunicado al silencio* ......... 234

**Andrés Fernández de Andrada**
- *Epístola moral a Fabio* ................................. 236

**Pedro Calderón de la Barca**
- *La vida es sueño* ........................................ 237
- *Cantarcillo* ................................................ 239
- *A las flores* ............................................... 240

**Esteban Manuel de Villegas**
- *El pajarillo* ................................................ 241
- *Oda sáfica* ................................................. 242

**Salvador Jacinto Polo de Medina**
- *Epigramas* ................................................. 243

**Anónimo**
- *Canción* .................................................... 244
- *Soneto a Cristo crucificado* .......................... 246

Sor Juana Inés de la Cruz
  *Redondillas* .................................. 247
  *Al que ingrato me deja, busco amante* ........ 249
  *Fantasía contenta con amor decente* .......... 250

NEOCLASICISMO *(siglo XVIII)*
  Eugenio Gerardo Lobo
    *Receta para ser un gran soldado* ............ 253
  Diego Torres Villarroel
    *Vida bribona* ............................... 254
    *Pago que da el mundo a los poetas* .......... 254
  Nicolás Fernández de Moratín
    *Fiesta de toros en Madrid* .................. 255
    *Saber sin estudiar* ......................... 268
  José Cadalso
    *A Venus* .................................... 269
    *Anacreóntica* ............................... 271
  Félix María Samaniego
    *El león* .................................... 271
  José Iglesias de la Casa
    *Letrilla satírica* .......................... 272
  Tomás de Iriarte
    *Caballerito de estos tiempos* ............... 274
    *El burro flautista* ......................... 275
    *El sombrerero* .............................. 276
  Leandro F. de Moratín
    *Elegía a las musas* ......................... 276
  José Vargas Ponce
    *Proclama de un solterón* .................... 279
  Manuel José Quintana
    *A España, después de la revolución de Marzo* .. 284
  Alberto Lista
    *Al sueño* ................................... 286
    *Seguidillas* ................................ 289

EL ROMANTICISMO *(siglo XIX)*
  Bartolomé José Gallardo
    *Blanca Flor* ................................ 293
  Juan Nicasio Gallego
    *Elegía a la muerte de la duquesa de Frías* ... 296
  Francisco Martínez de la Rosa
    *La aparición de Venus* ...................... 299

Angel Saavedra (Duque de Rivas)
  *Un castellano leal* .......................... 300
Manuel Bretón de los Herreros
  *Letrillas satíricas* ......................... 303
Padre Juan Arolas
  *La Odalisca* ................................. 305
Juan Eugenio Hartzenbusch
  *Los viajes* .................................. 310
José de Espronceda
  *Canción del pirata* .......................... 310
  *Canto a Teresa* .............................. 314
  *Himno a la inmortalidad* ..................... 325
  *La desesperación* ............................ 327
  *El arrepentimiento* .......................... 330
Salvador Bermúdez de Castro
  *A los astros* ................................ 336
José Martínez Villergas
  *El águila y la bala* ......................... 340
José Zorrilla
  *A buen juez, mejor testigo* .................. 341
  *Oriental* .................................... 365
Pablo Piferrer
  *Canción de la primavera* ..................... 368
José González de Tejada
  *Noticias del Parnaso* ........................ 369
Juan León Mera
  *Indiana* ..................................... 374
Amos de Escalante
  *Caligo* ...................................... 375
José Hernández
  *Martín Fierro* ............................... 376
Gustavo Adolfo Bécquer
  *Rimas* ....................................... 378
  *Cerraron sus ojos* ........................... 382
Pedro Antonio de Alarcón
  *El amanecer* ................................. 386
Rosalía de Castro
  *Las Campanas* ................................ 387
  *A orillas del Sar* ........................... 388
Bernardo López García
  *¡Dos de Mayo!* ............................... 388
Ramón de Campoamor
  *El tren expreso* ............................. 392

José Estremera
¡Victoria! .................................. 395
José Martí
Cultivo una rosa blanca .................... 397
¿Del tirano? Del tirano .................... 397

# DEL MODERNISMO AL TRANSVANGUARDISMO
*(siglo XX)*

Vital Aza
¡Cómo cambian los tiempos! ................ 401
José López Silva
¡Hoy las ciencias adelantan...! .............. 404
Francisco A. de Icaza
Estancias .................................. 409
Miguel de Unamuno
Salamanca, Salamanca .................... 410
Leer ....................................... 411
Madre, llévame a la cama .................. 412
Rubén Darío
Canción de Otoño en Primavera ............ 413
Amado Nervo ............................. 416
Caracol ................................... 417
Sonatina .................................. 418
José Santos Chocano
El sueño del caimán ....................... 420
Nostalgia ................................. 420
Ricardo Jaimes Freyre
Al infinito amor ........................... 422
Ramón del Valle Inclán
La rosa pánida ............................ 423
Rosa del Caminante ....................... 424
Leopoldo Lugones
Oceánida ................................. 425
Alma venturosa ........................... 426
La palmera ............................... 427
José María Gabriel y Galán
El ama ................................... 429
Amado Nervo
A Kempis ................................ 438
Manuel Machado
Adelfos .................................. 439
Antonio Machado
Retrato .................................. 441

Francisco Villaespesa
   *Romance de las ocho hermanas* .............. 442
Enrique de Mesa
   *Por la costanilla azul* ..................... 443
Rafael Arévalo Martínez
   *Retrato de mujer* ......................... 444
Tomás Morales
   *Ha llegado una escuadra* ................... 445
Alonso Quesada
   *Una inglesa ha muerto* .................... 447
Gabriela Mistral
   *Balada* .................................. 448
Alfonsina Storni
   *Carta lírica a otra mujer* .................. 449
   *El clamor* ............................... 452
   *La caricia perdida* ....................... 453
Jorge Guillén
   *Dinero de Dios* ........................... 454
Gerardo Diego
   *Romance del Duero* ....................... 454
Federico García Lorca
   *Romance de la luna, luna* .................. 455
Juana de Ibarbourou
   *La hora* ................................. 457
   *Vida - garfio* ............................. 458
Angel Martínez Baigorri
   *Invocación a la lengua* .................... 459
   *Mi nacimiento* ........................... 460
Antonio Oliver Belmás
   *El Sil* ................................... 461
   *El panadero* ............................. 462
Carmen Conde
   *Revelación* .............................. 463
   *Vivir* ................................... 464
   *Distancia* ................................ 465
   *Inmutable* ............................... 466
Juan Bautista Bertrán
   *Elegía de una barca* ...................... 467
   *Calle* ................................... 468
   *Corinto* ................................. 469
José Jacinto Milanés
   *La fuga de la tórtola* ..................... 470
Luis de Oteyza
   *La vuelta de los vencidos* ................. 472

Octavio Paz
   *Garabato* .................................. 474
Josefina de la Torre
   *Levabas en los pies* ........................ 475
Angelina Gatell
   *Soñadora* .................................. 476
   *Otoño 1974* ............................... 477

# Qué es la poesía

*La poesía es un arte que se expresa con palabras, del mismo modo que la pintura lo hace a través de los colores y de las líneas, la escultura por medio de las formas y los volúmenes, y la música con los sonidos.*

*El lenguaje se produce de una manera viva y espontánea, pero cuando se depura dentro de la belleza esencial del idioma, cuando consigue armonizar la idea con la forma de expresarla, puede decirse que es un lenguaje poético.*

*A través de la poesía, el poeta hace que los demás participen de sus sentimientos, de sus impresiones, de un determinado estado emocional. Para ello dispone de dos medios fundamentales: el contenido del poema y la expresión poética. El contenido es la motivación, el sentimiento, la emoción o circunstancia que el poeta quiere hacernos compartir. La expresión poética es la forma de conjugar el lenguaje, sus posibilidades, su musicalidad, su armonía, su inventiva. Todo ello se halla supeditado a tres factores: la medida, la acentuación y la rima.*

**La medida.**— *Cada composición poética está formada por* estrofas o grupos de *versos. Puede ser también una única estrofa o sucesión ininterrumpida de versos. Se llama* verso *a cada una de las líneas que constituyen el poema.*

*Cada verso se halla sujeto a una medida silábica, es decir, a una cantidad de sílabas que deter-*

*minan su denominación. Se llaman versos* bisílabos, trisílabos, pentasílabos, hexasílabos, heptasílabos y octosílabos, *a los versos de dos, tres, cuatro, cinco, seis, siete y ocho sílabas, respectivamente. Los versos pertenecientes a este grupo son los llamados de arte menor. Los versos de arte mayor son los* eneasílabos, *o de nueve sílabas;* los decasílabos, *o de diez sílabas; los* endecasílabos, *o de once sílabas; los* dodecasílabos, *o de doce sílabas; los* tridecasílabos, *o de trece sílabas, y los* alejandrinos, *o de catorce sílabas. Los versos de quince o más sílabas apenas si se usan en la poesía española tradicional.*

**La acentuación.—** *Además del acento prosódico, existe también el acento* rítmico *que, en el verso, domina a los demás. Las sílabas que lo llevan se llaman* dominantes. *Del mismo modo que no existen palabras sin acento prosódico, tampoco existen versos sin acento rítmico.*

*En un* endacasílabo *heroico, por ejemplo, las sílabas dominantes estarán colocadas en el sexto y décimo lugar:*

*Un soneto me* mánda *hacer* Violánte...

**Lope de Vega**

*Aquí las sílabas dominantes se han acentuado convencionalmente para una mejor comprensión. Leyéndolo en voz alta se entenderá fácilmente qué es el acento rítmico.*

*El endecasílabo* italiano *llevará las sílabas dominantes en el cuarto y octavo lugar:*

*¡Oh dulces préndas, por mi mál halladas...*

**Garcilaso**

*Fijémonos cómo debido a la diferencia de acentuación, el ritmo de uno y otro verso es notablemente distinto.*

*La medida de los versos varía según la acentuación de las palabras finales. Cuando la última palabra es aguda, el verso tiene una sílaba más; cuando es esdrújula, una sílaba menos. Por ejemplo, los dos versos que copio a continuación son octosílabos a pesar de que el segundo tiene una sílaba menos:*

*Rosa fresca, rosa fresca,
tan garrida y con amor...*

**Romancero**

*Al ser amor una palabra aguda, el segundo verso pasa a tener también ocho sílabas. Si, por el contrario, la última palabra fuera esdrújula, como sucede en el segundo de estos dos versos:*

*Las olas dejan sus ramos
sobre las arenas húmedas...*

**Anónimo**

*se considera también octosílabo.*

**La rima.—** *La rima puede ser perfecta o consonante, o bien imperfecta o asonante.*
*Rima perfecta o consonante es aquella que, desde la última vocal acentuada, tiene todas sus letras coincidentes con las de otros versos. En la estrofa que va a continuación podéis ver cómo el primer verso rima de esa forma con el tercero y el segundo con el cuarto:*

> *Dichosa soledad, monte sagrado,*
> *sosegada mansión de la grandeza;*
> *en ti vivo gustoso y descuidado;*
> *aquí me sirves con mayor riqueza...*

**Torres Villarroel**

*En cambio, rima imperfecta o asonante es aquella otra en la que sólo las últimas vocales son coincidentes. Esta rima afecta únicamente a los versos alternos, dejando sin rima a los otros. Por ejemplo:*

> *Río de Sevilla,*
> *¡qué bien pareces*
> *con galeras blancas*
> *y remos verdes!*

**Lope de Vega**

*Son también muy frecuentes, y más aún en la poesía moderna, los versos denominados* blancos y libres.

*Son versos* blancos *los que no están supeditados a rima alguna, pero sí a una medida y a una acentuación. Fijaos en estos cuatro versos, son endecasílabos blancos:*

> *Y sin embargo sé que Te he negado*
> *en muchas horas; sé que todavía*
> *Te he de negar quizás y que Tu sombra*
> *me habrá de vigilar desde la altura.*

**Carlos Bousoño**

*Los versos* libres *son los que no se rijen por ninguna regla, es decir, que no se supeditan ni a la rima, ni al acento, ni a la medida:*

> *Ni una palabra*
> *brotará de mis la-*
> *bios*
> *que no sea*
> *verdad.*
> *Ni una sílaba*
> *que no sea*
> *necesaria...*

**Blas de Otero**

## Formas poéticas

*La poesía adopta distintas formas estructurales. Así, según la medida, acentuación y ordenación de los versos, y también en función de sus temas, los poemas se denominan de diferente modo: sonetos, elegías, canciones, odas..., etc. A continuación encontraréis la definición de las diferentes formas poéticas más usadas en nuestra poesía, tanto en lo que se refiere a su manifestación estética y estructural, como a su ordenación temática.*

CANCION.— *Poema lírico. Normalmente está compuesto por versos de arte menor, aunque muchos poetas utilizan también el endecasílabo u otros versos mayores, e incluso alternan distintos metros, como podéis ver en las siguientes estrofas:*

> *A los verdes prados*
> *baja la niña,*
> *ríense las fuentes,*
> *las aves silban.*
> *A los prados verdes*
> *la niña baja,*
> *las fuentes se ríen,*
> *las aves cantan.*

**Lope de Vega**

**COPLA.—** *Estrofa de cuatro versos con rima asonante en los pares:*

> *Riberitas del río*
> *de Manzanares,*
> *lava y tuerce la niña*
> *y enjuga el aire.*

**Anónimo**

**CUARTETA.—** *Es una estrofa de cuatro versos con rima consonante combinada de diferentes modos:*

> *Rosal, menos presunción*
> *donde están las clavellinas,*
> *pues serán mañana espinas*
> *las que agora rosas son.*

**Quevedo**

*O bien:*

> *Aprended, flores, de mí*
> *lo que va de ayer a hoy:*
> *que ayer maravilla fui*
> *y hoy sombra mía aún no soy.*

**Góngora**

**CUARTETO.**— *Esta estrofa está compuesta por cuatro versos endecasílabos que riman el primero con el cuarto y el segundo con el tercero:*

> *¡Oh dulces prendas, por mi mal halladas,*
> *dulces y alegres cuando Dios quería!*
> *Juntas estáis en la memoria mía,*
> *y con ella en mi muerte conjuradas.*

**Garcilaso**

**DECIMA.**— *La décima es, como indica su nombre, una estrofa de diez versos, octosílabos, rimados del modo siguiente: el primero con el cuarto y quinto; el segundo con el tercero; el sexto con el séptimo y el décimo; y el octavo con el noveno:*

> *Aunque la persecución*
> *de la envidia tema el sabio,*
> *no reciba della agravio,*
> *que es de serlo aprobación.*
> *Los que más presumen son,*
> *Lope, a los que envidias das,*
> *y en su presunción verás*
> *lo que tus glorias merecen;*
> *pues los que más te engrandecen*
> *son los que te envidian más.*

**Calderón de la Barca**

**ELEGIA.**— *Poema estructurado a capricho de su autor, que expresa un sentimiento doloroso.*

**LETRILLA.**— *Es un poema generalmente breve, en versos de arte menor, de tema casi siempre humorístico, burlesco, aunque también las hay amorosas y religiosas. Cada estrofa, del mismo número de versos, termina en un estribillo, que recoge el tema que suele dar comienzo al poema:*

>Ande yo caliente,
>y ríase la gente.
>
>*Traten otros del gobierno*
>*del mundo y sus monarquías*
>*mientras gobiernan mis días*
>*mantequillas y pan tierno,*
>*y las mañanas de invierno*
>*naranjada y aguardiente,*
>y ríase la gente.
>
>*Coma en dorada vajilla*
>*el príncipe mil cuidados*
>*como píldoras dorados;*
>*que yo en mi pobre mesilla*
>*quiero más una morcilla*
>*que en el asador reviente,*
>y ríase la gente.
>
>**Góngora**

**LOA.**— *Poema de carácter elogioso. No está sujeto a unas formas determinadas.*

**ODA.**— *Igual que la loa y la elegía, es de metro y forma diferentes. La oda es siempre majestuosa y lírica.*

**OCTAVA.—** *Es una estrofa de ocho versos, de arte mayor, que riman, el primero con el tercero y el quinto; el segundo con el cuarto y el sexto; y los dos finales, formando un pareado:*

> *Era pasadas ya tres horas, cuando*
> *los dos campeones de valor iguales*
> *en la creciente furia declinando,*
> *dieron muestra y señal de ser mortales:*
> *que las últimas fuerzas apurando*
> *sin poderse vencer quedaron tales*
> *que ya en ninguna parte se movían*
> *y más muertos que vivos parecían.*

**Ercilla**

**PAREADO.—** *Estrofa de dos versos. Pueden rimar en consonante o en asonante:*

> *Dejadme llorar*
> *orillas del mar.*

**Góngora**

*O bien:*

> *Pronto saldrá la luna*
> *blanca y desnuda.*

**Anónimo**

**PROSA POETICA.—** *Es una forma poética sometida sólo a un ritmo interior, es decir, liberada de las leyes de acentuación, medida, rima, etc.*

**QUINTETO.—** *Estrofa de arte mayor con rima consonante. Por regla general se combinan los versos alternos:*

> *Nobles hermanas, a la par gentiles,*
> *discretas a la par y candorosas,*
> *que el dulce encanto de los veinte abriles*
> *mostráis en faz y gracias juveniles*
> *como pareja de entreabiertas rosas.*

**Alarcón**

**QUINTILLA.—** *Se distingue del* quinteto *porque sus versos son de arte menor, casi siempre octosílabos:*

> *Vinieron las moras bellas*
> *de todas las cercanías,*
> *y de lejos muchas de ellas:*
> *las más apuestas doncellas*
> *que España entonces tenía.*

**Fernández de Moratín**

**ROMANCE.—** *Es una de las formas más usadas en la poesía española desde la antigüedad. Es de origen español. Se compone de una serie indefinida de versos octasílabos, en la que los pares riman en asonante, mientras que los impares quedan libres. Como ejemplo aquí tenéis una preciosa muestra de nuestro* Romancero *anónimo cuyo origen se remonta a la Edad Media:*

*¡Quién hubiese tal ventura*
*sobre las aguas del mar,*
*como hubo el Conde Arnaldos*
*la mañana de San Juan!*
*con un falcón en la mano*
*la caza iba a cazar,*
*y venir vio una galera*
*que a tierra quiere llegar.*
*Las velas traía de seda,*
*la jarcia de un cendal.*
*Marinero que la manda*
*diciendo viene un cantar*
*que la mar ponía en calma,*
*los vientos hace amainar,*
*los peces que andan al hondo*
*arriba los hace andar.*
*Las aves que andan volando*
*las hace al mástil posar:*
*«Galera, la mi galera,*
*Dios te me guarde de mal,*
*de los peligros del mundo*
*sobre las aguas del mar*
*de los llanos de Almería,*
*del estrecho de Gibraltar,*
*y del golfo de Venecia*
*y de los bancos de Flandes*
*y del golfo de León,*
*donde suele peligrar».*
*Allí habló el Conde Arnaldos,*
*bien oiréis lo que dirá:*
*«Por Dios te ruego, marinero,*
*digáisme ora ese cantar».*
*Respondióle el marinero,*
*tal respuesta le fue a dar:*
*«Yo no digo mi canción*
*sino a quien conmigo va».*

**Romance del Conde Arnaldos**

**ROMANCILLO.**— *Es un romance escrito en versos hexasílabos e incluso más cortos:*

*Hermana Marica,
mañana que es fiesta,
no irás tú a la amiga
ni iré yo a la escuela:
pondráste el corpiño
y la saya buena;
cabezón labrado
toca y albanegra,
y a mí me pondrán
mi camisa nueva,
sayo de palmilla,
calza de estameña...*

**Góngora**


**SEGUIDILLA.**— *Es una estrofa de carácter popular. Consta de cuatro versos, dos de los cuales son heptasílabos, y los otros dos, pentasílabos, alternando ambos metros. La rima es asonante, rimando el primero con el tercero, y el segundo con el cuarto:*

*Manzanares
claro,
río pequeño,
por faltarle el
agua
corre con
fuego.*

**Lope de Vega**

**SONETO.**— *Es de procedencia italiana. Muy utilizado por los poetas españoles por su sonoridad y su elegancia. Tiene, en total, catorce versos endecasílabos, que se agrupan en dos cuartetos y dos tercetos. En el soneto de Lope de Vega que va a continuación, se describe con mucha gracia las características de esta forma poética:*

*Un soneto me manda hacer Violante
y en mi vida me he visto en tal aprieto;
catorce versos dicen que es soneto;
burla burlando ya van tres delante.*

*Yo pensé que no hallara consonante,
y estoy a la mitad de otro cuarteto;
mas si me veo en el primer terceto,
no hay cosa en los cuartetos que me espante.*

*Por el primer terceto voy entrando,
y aún parece que entré con pie derecho,
pues fin con este verso le estoy dando.*

*Ya estoy en el segundo y aún sospecho
que estoy los trece versos acabando.
Contad si son catorce y ya está hecho.*

*Existen diferentes combinaciones en la rima de los tercetos, y también es fácil encontrar sonetos en versos alejandrinos, pero el ejemplo aquí copiado representa la estructura del soneto más utilizada por nuestros poetas.*

**TERCETO.—** *Estrofa de origen italiano, formada por endecasílabos con rima consonante. Generalmente, riman del siguiente modo: primero y tercer verso, el segundo queda libre y puede rimarse con el primero y tercero de la siguiente estrofa. La estrofa final del poema suele ser un cuarteto que cierra la rima sin dejar ningún verso suelto:*

*La codicia en las manos de la suerte
se arroja al mar, la ira a las espadas,
y la ambición se ríe de la muerte.*

*Y ¿no serán siquiera tan osadas
las opuestas canciones, si las miro
de más nobles objetos ayudadas?*

*Ya, dulce amigo, huyo y me retiro
de cuanto simple amé: rompí los lazos;
ven y sabrás al gran fin que aspiro,
antes que el tiempo muera en nuestros brazos.*

**De la Epístola moral a Fabio**

**VILLANCICO.—** *Composición poética de arte menor de índole religiosa:*

*Las pajas del pesebre,
Niño de Belén,*
hoy son flores y rosas,
mañana serán hiel.

**Lope de Vega**

*Estas son las formas poéticas más utilizadas por los poetas españoles. Existen otras muchas que, en un trabajo más exhaustivo, no podrían dejarse de lado. No obstante, las que aquí señalo son suficientes para tener una idea bastante amplia de nuestra poesía tradicional.*

*La mayoría de los poetas cuyos versos nos han servido como ejemplo pertenecen al llamado Siglo de Oro de nuestra poesía clásica. Y sus nombres son los pilares que sostienen toda la lírica española.*

*Y puesto que ya sabemos algo acerca de la poesía, sería interesante intentar identificar las diversas formas poéticas de que hemos hablado, en los poemas que vais a leer a continuación. Resultará fácil, y posiblemente divertido, descubrir las diferentes medidas de los versos, sus nombres, así como también los de las estrofas y los de los poemas, en función de sus temas, etc. Casi todas las formas poéticas —sonetos, romances, canciones, décimas...— están representadas en el libro. Con sólo un mínimo de atención, las reconocerán, estoy segura.*

**ANGELINA GATELL**

# Los albores
(Siglos XII al XIV)

*LOS ALBORES*

## *POEMA DE MIO CID*
(Fragmento)

La oraçion fecha,-la missa acabada la an,
salieron de la eglesia,-ya quieren cavalgar.
El Cid a doña Ximena-ívala abraçar;
doña Ximena al Cid-la manol va besar,
llorando de los ojos,-que non sabe qué se far.
E él a las niñas-tornólas a catar:
«a Dios vos acomiendo-e al Padre spirital;
agora nos partimos,-Dios sabe el ajuntar».
Llorando de los ojos,-que no vidieste atal,
asis parten unos d'otros-commo la uña de la carne.
Myo Cid con los sos vasallos-pensó de cavalgar,
a todos esperando,-la cabeça tornando va...

ANÓNIMO
(Hacia el 1140)

## *EL LABRADOR AVARO*

Era en una tierra un omme labrador,
que usava la reia más que otra lavor;
más amava la tierra que non al Criador,
era de muchas guisas omme revolvedor.

Fazie una nemiga, faziela por verdat,
cambiaba los mojones por ganar eredat;
façie a todas guisas tuerto e falsedat,
avíe mal testimonio entre su vecindat.

Querié, pero que malo, bien a Sancta María,
udie sus miraculos, davalis acogía;
saludávala siempre, diciela cada día:
«Ave gracia plena que parist a Messía.»

Finó la rastrapaia de tierra bien cargado,
en soga de diablos fue luego cativado,
rastravando por tienllas, de cozes bien sovado,
pechavanli a duplo el pan que dio mudado.

Doliéronse los angeles desta alma mezquina,
por quanto la levaban diablos en rapina:
quisieron acorrelli, ganarla por vecina,
mas pora fer tal pasta menguabalis farina.

Si lis dizien los angeles de bien una razón,
cuando dicien los otros, malas que buenas non:
los malos a los bonos tenienlos en rencon,
la alma por peccados non issie de presson.

Levantose un angel, disso: «Io so testigo,
verdat est, non mentira, esto que io vos digo;
el cuerpo, el que trasco esta alma consigo,
fue de Sancta María vassallo e amigo.

Siempre la emetava a iantar e a cena:
dizieli tres palabras: «Ave gracia plena»,
la boca por qui essie tan sancta cantilena,
non merecie iazer en tal mal cadena.»

Luego que esti nomne de la Sancta Reina
udieron los diablos, cojieronse ad ahina,
derramaronse todos como una neblina,
desampararon todos a la alma mesquina.

*LOS ALBORES*

Vidieronla los angeles seer desemparada,
de piedes e de manos, con sogas bien atada,
sedie como oveja que faze ensarzada,
fueron e adussieronla pora la su maiada.

Nomne tan adonado e de vertut atanta
que a los enemigos seguda e espanta,
non nos deve doler nin lengua nin garaganta,
que non digamos todos: «Salve Regina Sancta».

GONZALO DE BERCEO
(Siglos XII—XIII)

*POEMA DE FERNAN GONZALEZ*
(Fragmento)

Auía en estas cortes muy grand pueblo sobejo,
después quel conde vino duro los poquellejo
ca dióles el buen conde mucho de buen consejo
dellos en poridad, dellos por buen concejo.

Leuava don Ferrando vn mudado açor,
non auía en Castiella otro tal nin mejor
otrosy vn cauallo que fuera el Almançor,
auía de todo ello el Rey muy grant sabor.

De grant sabor el Rey de a ellos lleuar,
luego dixo al Conde que los quería comprar.

«Non los venderia, sennor, mandedes los tomar,
vender non vos los quiero, mas quiero vos los dar».

El Rey dixo al Conde que non los tomaría,
mas açor e cauallo que ge los compraría,
que d'aquella moneda mil marcos le daría,
por açor e caullo sy dar ge lo quería.

Abenieronse ambos, fizieron su mercado,
puso quando lo diesse a día sennalado;
sy el auer non fuesse aquel día pagado,
siempre fues cada día el gallarin doblado.

Cartas por ABC partydas y fizieron,
todos los juramentos allí los escriuieron,
en cabo de la carta los testigos pusieron
quantos a esa merca delante estouieron.

Assaz avía el Rey buen cauallo comprado,
mas salíól a tres annos muy caro el mercado,
con el auer de Francia nunca sería pagado,
por y perdió el Rey Castiella, su condado.

ANÓNIMO
(Entre 1250 y 1271)

*LOS ALBORES*

## *LOS SIETE INFANTES DE LARA*

(Fragmento)

*(Pasaje reconstituído por R. Menéndez Pidal)*

La cabeça de [don] Muño—tornola en su lugar
e la de Diago Gonçález—[en los braços] fué a tomar;
[e] mesando sus cabellos—e las barbas de su faz:
«Señero, so, e mezquino,—para estas bodas bofor-
[dar!
Fijo Diago Gonçález,—a vos amaba yo mas,
facialo con derecho,—ca vos nacierades ante.
Grant bien vos quería el conde—ca vos erades su
[alcalle
también toviestes su seña,—en el vado de Cascajar.

ANÓNIMO
(siglo XIII)

## LIBRO DE APOLONIO
(Fragmento)
*Tarsiana, juglaresa*

El sermón de la duenya fue tan bien adouado
que fue el coraçon del garçon amansado.
Diole plaço poco ha dia senyalado,
mas que ella catase que hauie demandado.

Luego el otro dia de buena madurguada
levanto se la duenya rica miente adobada;
priso huna viola buena e bien temprada,
e salio al mercado violar por soldada.

Començo hunos viesos e hunos sones tales
que trayen grant dulçor e eran naturales.
Finchien se de omnes a priesa los portales,
non les cabie en las plaças subien se a los povales.

Quando con su viola houlo bien solazado,
a ssabor de los pueblos houo asaz cantado,
torno les a rezar hun romançe bien rimado
de la su razon misma por ho hauia pasado.

Fizo bien a los pueblos su razón entender.
Mas valie de cient marquos ese dia el loguer.
Fue sse el traydor pagando del menester;
ganava por ello sobeiano grant auer.

... ... ... ... ... ... ... ... ... ... ... ... ... ... ... ... ...

ANÓNIMO
(Siglo XIII)

*LOS ALBORES*

## *POEMA DE ALFONSO ONCENO*
(Fragmento)

*El Infante Don Juan vence a los moros*

Don Juan, con gran plaser,
quando ffue adelantado
ayuntó muy gran poder,
en Córdoba fue entrado.

Con gran poder de mesnada
commo caudillo ssotil,
entró en tierras de Granada,
passo aguas de Xinnyl.

Su camino luego andó,
e fué correr Antequera,
el con Don Osmin lidió
e con grant gente rrefartera.

Todo el poder de Granada
con Osmin ffueron venidos,
en gran lid aplasada
los moros ffueron vencidos.

Mal fueron desbaratados,
Dios quisso por ssu bondat,
en Guadalforçe arrancados,
e muerta gran potestad.

El Osmin escapó uil,
en que mató los infantes,
e dexó bien trece mill
muertos e mal andantes.

E entrado ffue por Granada
con muy gran pessar ssyn tiento;
Don Juan fiso tornada
con la onrra del vencimiento.

Don Johan agora dexemos
que venció aquesta lid,
del muy noble rrey fablemos
que está en Valladolid...
... ... ... ... ... ... ... ... ... ... ... ...

**ANÓNIMO**
(Siglos XIII al XIV)

*LOS ALBORES*

## CANTIGA

*Se ome fezer de grado pola Uirgen algun ben,*
*demostrar ll' auerá ela sináes que lle praz én.*

D'esto nos direi miragre ond' auredes sabor,
que mostrou Sancta María con mercé e con amor
o un mui bon caualeiro et seu quito seruidor
que en a seruir metía seu coraçón et seu sen.

*Se ome fezer de grado pola Uirgen algun ben...*

El auia un seu fillo que sabía mais amar
ca ssi, et un caualeiro matou-ll'-o; et con pesar
do fillo, foi él prendel-o et quiséra-o matar
u el seu fillo matara, que lle non ualuesse ren.

*Se ome fezer de grado pola Uirgen algun ben...*

E él leuando-o preso en ha eigreia-'ntrou,
et o prest'entrou pos ele et él d'ál non sse nembrou
et pois que uiú a eigreia da Uirgen, y soltou,
at omildou-ss' a omagen et disso: «Graç porén.»

*Se ome fezer de grado pola Uirgen algun ben,*
*demostrar ll' auerá ela sináes que lle praz en.*

REY ALFONSO X
(1252-1284)

## LOS GRIFONES AMAESTRADOS
### (Fragmento del Libro de Alixandre)

Fizo prender dos grifos que son aves valientes,
abeçolos a carnes saladas e rezientes,
tovolos muy viçiosos de carnes convinientes
entro a que se ficieran greusos e muy valientes.

Fizo fer una casa de cuero muy sobado
quanto cabrie un ome a anchura posado,
ligóla a los grifos con un firme filado
que non podrie falsar por ome pesado.

Fizoles el comer por tres días toller
por amor que oviesen talento de comer,
fizose el demientre en el cuero coser,
la cara descubierta, que pudiese veller.

Priso en una piertega la carne esfetada,
en medio de los grifos pero bien alongada;
cuydavanse cevar, man noin les valió nada,
los grifos por prenderla dieron luego bolada.

Cuando ellos bolavan él tanto se creía,
el rey Alixandre pujaba todavía,
a las vezes alçaba, a las vezes premía,
alla yvan los grifos do el Rey se quería.

ANÓNIMO
(Siglo XIII)

*LOS ALBORES*

## *CANTIGA*
### (Fragmentos)

En un tiempo cogí flores
del muy noble paraiso,
cuitado de mis amores
e d' el su fremoso riso!
e siempre vivo en dolor
e ya lo non puedo sofrir,
mais me valera la muerte
que en el mundo vivir

. . . . . .

No creades, mi senhora,
el mal dizer de las gentes,
ca la muerte m' es llegada
ay en ello paredes mentes;
ay senhora, noble rosa,
mercede vos vengo pidir,
avede de mi dolor
e no me dexedes morir.

. . . . . . .

REY ALFONSO XI
(1314 ?-1350)

## *PROVERBIOS MORALES*
### (Fragmento)

Sennor noble, rrey alto,
oyd este sermon
que vos dise don Santo,
judio de Carrion.

Comunal-mente rrimado
de glosas y moral-mente
de philosophya sacado,
es el desir syguiente.

El rrey Alfonso fynando,
asy fincó la gente.
commo el pulso, quando
fallesçe al doliente.

Ca nynguno cuidaria
que tan grande mejoraria,
en el reyno fyncaria:
nin hombre lo creya,

quando es seca la rrosa
que ya su saon sale,
queda el agua olorosa,
rosada que mas vale.

Asy quedaste vos del
para mucho durar
y librar lo que él
cobdiciaua librar.

Commo la debda mia
que a vos muy poco monta,
con la cual yo podia
benir syn toda honta.

Yo estando en afruenta,
por miedo de pecados,
muchos que fis syn cuenta
menudos y granados,

*LOS ALBORES*

tenia-me por muerto,
mas vino-me al talante
vn conorte muy cierto,
que me fiso bien andante.

Hombre torpe syn seso,
seria a Dios baldon
la tu maldad en peso
poner con su perdon.

El te fiso nasçer,
biues en merced suya,
¿commo podria vencer
a su obra la tuya?

Pecar es la tu manna,
la suya perdonar,
y alongar la sanna
los yertos baldonar.

Tanta ventaja quanto
ay del cielo a la tierra,
el su poder es tanto
mayor que la tu yerra.

RABÍ SEM TOB
(Siglo XIV)

## CANTICA DE SERRANA

Cerca la Tablaba,
la sierra passada,
falléme con Aldara
a la madrugada

En çima del puerto
coydé ser muerto
de nieve e de frío
e d'ese rucío
e de grand'helada.

Ya a la decida
di una corrida:
fallé una serrana
fermosa, loçana,
e bien colorada.

Dixel' yo a ella:
«Homíllome, bella.»
Diz': «Tú, que bien corres,
aquí non t'engorres;
anda tu jornada».

Yo l' dix: «Frío tengo
e por eso vengo
a vos, fermosura:
quered, por mesura,
hoy darme posada».

Díxome la moça:
«Pariente, mi choça
el qu'en ella posa,

*LOS ALBORES*

conmigo desposa,
e dame soldada».

Yo l'dixe: «De grado;
mas yo só casado
aquí en Ferreros;
mas de mis dineros
darvos he, amada».

Diz': «Vente conmigo».
Levóme consigo,
dióme buena lumbre,
com'era costumbre
de sierra nevada.

Diom' pan de centeno
tiznado, moreno
dióme vino malo,
agrillo e ralo,
e carne salada.

Diom' queso de cabras;
dyz' «Fidalgo, abras
ese blaço, toma
un canto de soma,
que tengo guardada».

Diz' «Huéspet, almuerça,
e beb' e esfuerça,
caliéntat' e paga:
de mal no's te faga
fasta la tornada.

Quien donas me diere,

cuales yo pediere,
habrá buena cena
e lichiga buena,
que no l' cueste nada».

«Vos, qu'eso desides,
¿por qué non pedides
la cosa certera?»
Ella diz: «¡Maguera!
¿Si me será dada?

«Pues dame una cinta
bermeja, bien tinta,
e buena camisa,
fecha a mi guisa
con su collarada.

«Dame buenas sartas
d'estaño e hartas,
e dame halía
de buena valía,
pelleja delgada.

«Dame buena toca,
listada de cota,
e dame çapatas,
bermejas, bien altas,
de pieça labrada.

«Con aquestas joyas,
quiero que lo oyas,
serás bien venido:
serás mi marido
e yo tu velada.»

«Serrana sennora,
tant' algo agora
non trax' por ventura;
faré fiadura
para la tornada.»

Díxome la heda:
«Do non hay moneda,
non hay mercandía
nin hay tan buen día
nin cara pagada.

«Non hay mercadero
bueno sin dinero,
e yo non me pago
del que non da algo
nin le dó posada.

«Nunca d'homenaje
pagan hostalaje;
por dineros faze
home cuanto'l plase:
cosa es probada.»

JUAN RUIZ, Arcipreste de Hita
(Siglos XIII-XIV)

## DE LAS PROPIEDADES QUE
## LAS DUEÑAS CHICAS HAN

Quiero abreviarvos, señores, la mi predicación,
ca siempre me pagué de pequeño sermón
e de dueña pequeña e de breve razón:
ca lo poco e bien dicho finca en el coraçón.

Del que mucho fabla ríen, quien mucho ríe es loco,
tiene la dueña chica amor grande e non de poco:
dueñas di grandes por chicas, por grandes chicas
[non troco;
mas las chicas por las grandes non se repiente del
[troco

De las chicas, que bien diga, el amor me fiso ruego,
que diga de sus noblesas e quiérolas dezir luego:
dirévos de dueñas chicas, que lo tenedés en juego.
Son frías como la nieve e arden más que'l fuego:

Son frías de fuera; en el amor ardientes,
en cama solaz, trebejo, plasenteras e rientes.
En casa cuerdas, donosas, sosegadas, bienfasientes;
mucho ál fallaredes, a do bien paredes mientes.

En pequeña girgonça yase grand resplandor,
en açúcar muy poco yase mucho dulçor:
en la dueña pequeña yase muy grand amor:
pocas palabras cumple al buen entendedor.

Es pequeño el grano de la buena pimienta;
pero más que la nues conorta e más calienta:
así dueña pequeña, si todo amor consienta,
non ha de plaser del mundo, qu'en ella non se sienta.

*LOS ALBORES*

Como en chica rosa está mucha color,
e en oro muy poco grand precio e gran valor,
como en poco bálsamo yase grand buen olor:
así en chica dueña yase muy grand amor.

Como robí pequeño tiene mucha bondad,
color, vertud e precio, noblesa e claridad:
así dueña pequeña tiene mucha beldad
fermosura e donaire, amor e lealtad.

Chica es la calandria e chico el roisiñor;
pero más dulce canta, que otra ave mayor;
la mujer, por ser chica, por eso non es pior;
con doñeo es más dulce que açúcar nin flor.

Son aves pequeñuelas papagayo e orior;
pero cualquiera d'ellas es dulce gritador,
adonada, fermosa, preciada, cantador:
bien atal es la dueña pequeña con amor.

En la mujer pequeña non ha comparación:
terrenal paraíso es e consolación,
solás e alegría, plaser e bendición,
¡mijor es en la prueba, qu'en la salutación!

Siempre quis mujer chica, más que grand' nin ma-
[yor:
¡non es desaguisado de grand mal ser foidor!
Del mal, tomar lo menos: díselo el sabidor
¡por end' de las mujeres la menor es mijor!

JUAN RUIZ, Arcipreste de Hita
(Siglos XIII-XIV)

## *MENOSPRECIO DE CORTE*

Grant tiempo, Señor, pasé mal dependiendo,
señores terrenales con locura sirviendo;
agora ya lo creo e lo vó entendiendo,
que quien í más trabaja que más irá perdiendo.

Las artes de los reyes, ¿quién las podriá pensar?
¡Cuánto más trabajo el homne ha de pasar,
peligros en el cuerpo e el alma condenar,
los bienes e los algos siempre aventurar!

Si mil años les siervo e un día fallesco,
dizen que muchos males e penas meresco;
si por ellos en cuitas e en cuidados padezco,
dizen que como nescio por mi culpa padesco.

Si por ir a mi casa licencia les demando,
después a la tornada, non sé cuánto nin cuándo,
fallo mundo trastornado e ninguno de mi bando,
e más frío que viento en su palacio ando.

Fallo porteros nuevos que nunca los conoscí,
que todo el palacio quieren tener so sí:
si llego a la pierta dizen: «¿Quién esta í?»
Digo: «Yo, señores, que en mal día nascí».

PEDRO LÓPEZ DE AYALA
(1332-1407)

## AQUI FABLAN DE LA GUERRA

Cobdician caualleros las guerras de cada dia,
por leuar muy grandes sueldos e leuar la quantía;
e fuelgan cuando vee la tierra en rrobería
de ladrones e cortones que ellos llieuan en compañía.
  Oluidando han a los moros las sus guerras fazer,
vnos son ya capitanes, otros enbían a correr,
vnos son ya capitanes, otros enbían a correr,
sobre los pobres syn culpa se acostumbran mantener.
  Los cristianos han las guerras, los morors están
[folgados,
en todos los más rreynos ya tienen rreyes doblados;
e todo aquesto viene por los nuestros pecados,
ca somos contra Dios en todas cosas errados.
  Los que con sus bueyes solian las sus tierras la-
[borar,
todos toman ya armas e comiençan a rrobar;
rroban la pobre gente e así fazen hermar:
Dios solo es aquel que esto podria emendar.
  Non pueden vsar justicia los rreyes en la su tierra,
ca dizen que lo non sufre el tal tiempo de guerra;
osar es engañoso e contra Dios más yerra
quien el camino llano desanpara por la syerra.

PEDRO LÓPEZ DE AYALA
(1332-1407)

## EL CANTAR DE RODRIGO
## O CRONICA RIMADA DEL CID
(Fragmento)

### Desposorios de Doña Ximena con el Cid

Cuando Rodrigo boluio los ojos, todos yvan de-
[rramando.
Avien muy grant pauor del, e muy grande espanto.
Allegó don Diego Laynez al rey bessarle la mano.
Quando esto vió Rodrigo, non le quisso bessar la
[mano.
El espada traya luenga, el Rey fue mal espantado.
A grandes bozes dixo: tirat me alla esse peccado.
Dixo entonçe don Rodrigo: querría más un clauo,
que vos seades mi sennor, nin yo vuestro vassallo.
Porque os la besso mi padre, soy yo mal amanze-
[llado.
Essas oras dixo el Rey al conde don Ossorio su
[amo:
Dadme vos aca esa donçella, despossaremos este
[lozano.
Avn non lo creyó don Diego, tanto estaua espan-
[tado.

*LOS ALBORES*

Salió la donçella, et traela el conde por la mano.
Ella tendió los ojos, et a Rodrigo comenzó de ca-
[tarlo.
Dixo: Sennor, muchas merçedes ca este es el
[conde que yo demando.
Ally desposauan a donna Ximena Gómez con Ro-
[drigo el Castellano.
Rodrigo respondió muy sannudo contra el Rey cas-
[tellano:
Sennor, vos me despossastes, mas a mi pesar que
[de grado.
Mas prometolo a Christus, que vos non bese la
[mano.
Nyn me vea con ella en yermo nin en poblado,
ffasta que venza cinco lides con buena lid en canpo.
Quanto esto oyo el Rey, fizose maravillado.
Dixo: Non es este omne, mas figura ha de pecado.
... ... ... ... ... ... ... ... ... ... ... ... ... ... ...

ANÓNIMO
(1344)

## DANZA DE LA MUERTE

(Fragmento)
*(Primeramente llama a su danza a dos doncellas)*

Esta mi danza traye de presente
estas dos doncellas que vedes fermosas,
ellas vinieron de muy mala mente
a oír mis canciones, que son dolorosas;
mas non les valdrán flores e rosas,
nin las composturas que poner solían;
de mí, si pudiesen, partir se querrían,
mas non puede ser, que son mis esposas.
A estas e a todas por las aposturas
daré fealdad la vida partida,
e desnudedad por las vestiduras
por siempre jamás muy triste aborrida;
e por los palacios daré por medida
sepulcros escuros, de dentro fedientes
e por los manjares gusanos royentes,
que coman de dentro su carne podrida...

ANÓNIMO
(Siglos XIV al XV)

## *DESIR A LAS SYETE VIRTUDES*
(Fragmento)

Era çercado todo aquel jardín
de aquel arroyo a guisa de cava,
e por muro muy alto jazmín
que todo a la redonda la çercava:
el son del agua en dulçor passava.
Harpa, dulçayna, vyhuela de arco,
e non ssé sy dormía o velava...

Des que bolví a man diestra el rrostro,
vi por la yerva pisadas de omme,
onde alegre fuíme por rastro,
el qual derecho a un rrosal llevóme;
e commo quando entre árboles asome
alguno que ante los rramos mesçe,
tal vy un omme; muy cortés saluóme,
e poco a poco todo assy paresce.

Era en vista benigno e suave,
e en color era la su vestidura
ceniza o tierra que seca se cave;
barva e cabello albo syn mesura;
traya un libro de poca escriptura,
escripto todo con oro muy fino,
e comenzaba: *En medio del camino,*
e del laurel corona e çentura...

MICER FRANCISCO IMPERIAL
(Siglos XIV-XV)

# Romances
(Siglo XV)

## *SERRANILLA*

Moça tan fermosa
non vi en la frontera,
como una vaquera
de la Finojosa.

Faciendo la vía
del Calatraveño
a Sancta María
vençido del sueño
por tierra fragosa
perdí la carrera,
do vi la vaquera
de la Finojosa.

En un verde prado
de rosas e flores,
guardando ganado
con otros pastores,
la vi tan grasiosa
que apenas creyera
que fuese vaquera
de la Finojosa.

Non creo las rosas
de la primavera
sean tan fermosas
nin de tal manera,
fablando sin glosa
si antes sopiera
d'aquella vaquera
de la Finojosa.

Non tanto mirara
su mucha beldat,
porque me dexara
en mi libertat.
Mas dixe: «Donosa
(por saber quién era),
¿dónde es la vaquera
de la Finojosa?»...

Bien como riendo,
dixo: «Bien vengades;
que ya bien entiendo
lo que demandades:
non es deseosa
de amar, nin lo espera,
aquessa vaquera
de la Finojosa.»

MARQUÉS DE SANTILLANA
(1398-1458)

## DE CASTIDAT

Sólo por augmentación
de humanidat,
ve contra virginidat
con discrepçión:
que la tal deleytaçión
fiço caer
del altísimo saber
á Salomón.

MARQUÉS DE SANTILLANA
(1398-1458)

## CANCION

Tres morillas me enamoran
   en Jaén:
Axa y Fátima y Marién.

Tres morillas tan garridas
iban a coger olivas,
y hallábanlas cogidas
   en Jaén:
Axa y Fátima y Marién.

Y hallábanlas cogidas
y tornaban desmaídas
y las colores perdidas
   en Jaén:
Axa y Fátima y Marién.

Tres moriscas tan lozanas
iban a coger manzanas
y cogidas las hallaban
 en Jaén:
Axa y Fátima y Marién.

ANÓNIMO,<br>
siglo XV

## *LORENZO DAVALOS*
(Fragmento de «Laberinto»)

Aquel que allí ves al çerco trauado,
que quiere subir e se falla en el ayre,
mostrando su rostro sobrado donayre
por dos desonestas feridas llagado,
aquél es el Dávalos mal fortunado,
aquél es el limpio mancebo Lorenço,
que fizo en un día su fin e comienço,
aquél es el que era de todos amado.

Bien se mostraua ser madre en el duelo
que fizo la triste, después que ya vido
el cuerpo en las andas sangriento tendido
de aquel que criara con tanto recelo;
ofende con dichos crueles el cielo,
con nueuos dolores su flaca salud
e tantas angustias roban su virtud,
que cae por fuerça la triste en el suelo.

E rasga con uñas crueles su cara,
fiere sus pechos con mesura poca;
besando a su hijo la su fría boca,

maldize las manos de quien lo matara,
maldize la guerra do se començara,
buscara con ira crueles querellas,
niega a sí mesma reparo de aquéllas
e tal como muerta biuiendo se para.

JUAN DE MENA
(1411-1456)

*BATALLA DE AMORES*

Estando no descuidado
del rebato venidero,
mas a guisa de guerrero
siempre medio salteado,
oí tocar atabales,
tamboriles e trompetas;
a la hora mis secretas
pasiones muy desiguales
miedos me ponen mortales.

Con una grand turbación
de los sones tanto fieros,
que los daños venideros
témelos el coraçón,
a gran priesa demandé
las mis armas defensivas,
dexando las ofensivas
sólo por salvar mi fe,
que nunca vencida fue.

E así, muy bien armado
cuanto para defender,

salí sin me detener
con todo bien demudado:
vi venir mi pensamiento
que estaba por atalaya,
diciéndome: «Guaya, guaya,
que se llega, según siento,
la hora del perdimiento.»
. . . . . . .

E tocando las bastardas
trompetas a pelear,
luego, sin más lo tardar,
se juntan las avanguardas;
e las mis alas firieron
según les fuera mandado;
por recio que cometieron,
no refuir lo pudieron.

Gómez Manrique
(1412-1590)

## *A LA MUERTE DEL MAESTRE DE SANTIAGO DON RODRIGO MANRIQUE*

(Fragmentos)

Recuerde el alma dormida,
avive el seso y despierte
contemplando
cómo se pasa la vida,
cómo se viene la muerte
tan callando:
cuán presto se va el placer,

cómo después de acordado
da dolor,
cómo a nuestro parescer
cualquiera tiempo pasado
fue mejor.

. . . . . . .

Nuestras vidas son los ríos
que van a dar en la mar,
que es el morir;
allí van los señoríos
derechos a se acabar
y consumir;
allí los ríos caudales,
allí los otros medianos
y más chicos;
allegados, son iguales
los que viven por sus manos
y los ricos.

. . . . . . .

Decidme: la hemosura,
la gentil frescura y tez
de la cara,
la color y la blancura,
cuando viene la vejez,
¿cuál se para?
Las mañas y ligereza
de la fuerza corporal
de juventud
todo se torna graveza
cuando llega el arrabal
de senectud.

. . . . . . .

Estos reyes poderosos
que vemos por escripturas

ya pasadas,
con casos tristes, llorosos,
fueron sus buenas venturas
trastornadas;
así que no hay cosa fuerte;
que a papas y emperadores
y perlados
así los trata la muerte
como a los pobres pastores
de ganados.
. . . . . . . .
¿Qué se hizo el rey don Juan?
Los infantes de Aragón,
¿qué se hicieron?
¿Qué fue de tanto galán,
qué fue de tanta invención
como truxeron?
Las justas e los torneos,
paramentos, bordaduras
e cimeras
¿fueron sino devaneos?
¿Qué fueron sino verduras
de las eras?

¿Qué se hicieron las damas,
sus tocados, sus vestidos,
sus olores?
¿Qué se hicieron las llamas
de los fuegos encendidos
de amadores?
¿Qué se hizo aquel trovar,
las músicas acordadas
que tañían?
¿Qué se hizo aquel dançar

y aquellas ropas chapadas
que traían?

. . . . . . .

Después de puesta la vida
tantas veces por su ley
al tablero;
después de tan bien servida
la corona de su rey
verdadero;
después de tanta hazaña
a que no puede bastar
cuenta cierta,
en la su villa de Ocaña
vino la muerte a llamar
a su puerta.

. . . . . . .

Así con tal entender
todos sentidos humanos
conservados,
cercado de su mujer,
de hijos y de hermanos
y criados,
dio el alma a quien se la dio
(el cual la ponga en el cielo
y en su gloria),
y aunque la vida murió
nos dexó harto consuelo
su memoria.

JORGE MANRIQUE
(1440-1478)

## COPLAS DE LA PANADERA
(Fragmento)

Di Panadera.
Panadera soldadera
que vendes pan de barato
quentanos algun rebato
que te aconteció en la vera.
   Di Panadera.
Un miercoles que partiera
el Príncipe don Enrique
a buscar algun buen pique
para su espada ropera
saliera sin otra espera
de Olmedo tan gran compaña
que con mui fermosa maña
al Puerto se retrujera.
   Di Panadera.
... ... ... ... ... ... ... ... ... ...
Por mas seguro escogiera
el Obispo de Siguença
estar aunque con berguença
junto con la cobijera
mas tan gran pabor cogiera
en ber fuir labradores
que a los sus paños menores
fue menester labandera.
   Di Panadera.

*ROMANCES*

... ... ... ... ... ... ... ... ... ...
Salido como de osera
Rui dias el mayor domo
tan belloso bientre y lomo
como ossa colmenera,
si la fe que prometiera
la guardase según fallo
no comiera su cauallo
en el Real la cibera.
    Di Panadera.

... ... ... ... ... ... ... ... ... ...
Amarillo como cera
estatua el conde de Haro
bustando todo reparo
por no pasar la ribera
después bido la manera
como el Sr. Rey pasaba
pedos tan grandes tiraba
que se oian en Talabera.
    Di Panadera.

... ... ... ... ... ... ... ... ... ...
Tu señor q ueres minera
de toda virtud diuina
saca la tu medicina
de la tu santa atriaquera
porq yo señor siquiera
aya mas por algun rato
que del dicho disbarato
a muchos quede dentera.
    Di Panadera.

... ... ... ... ... ... ... ... ... ...

JUAN DE MENA
(1411-1456)

## COPLAS DE MINGO REVULGO
(Fragmento)

### I

#### GIL ARRIBATO

Ah Mingo Rebulgo, Mingo,
Ah Mingo Rebulgo, ahao,
¿ques de tu sayo de blao?
¿Non lo vistes en domingo?
¿Ques de tu jubon bermejo?
¿Porque traes tal sobrecejo?
Andas esta trasnochada
la cabeça desgreñada:
¿Non te llotras de buen rejo?

### II

La color tienes marrida
y el corpanço rechinado
andas de valle en collado
como res que anda perdida,
y no miras sy te vas
adelante o cara atras.
Çanqueando con los pies,
dando trancos al traues
que non sabes do te estás.

A la he, Gil Arribato,
sé que en fuerte ora allá echamos
quando a Candulo cobramos
por pastor de nuestro hato.
Andase tras los zagales
por estos andurriales
todo el día embrutecido
holgazando syn sentido,
que non mira nuestros males.

## IV

Oja, oja los ganados
y la burra con los perros,
cuales andan por los çerros
perdidos, descarriados.
po llos santos te prometo
que este dañado baltrueto
(que nol medre Dios las çejas)
ha dexado las ouejas.

... ... ... ... ... ... ... ... ... ... ...

## XIII

Está la perra Justilla,
que viste tan denodada,
muerta, flaca, trasyjada:
juro a diez que avries mançilla;
con su fuerça y coraçon
cometie al brauo leon
y mataua al lobo viejo;
ora vn triste de vn conejo
se la mete en vn rincon.

... ... ... ... ... ... ... ... ... ... ...

## XXIX

Sy tu fueres sabidor,
entiendeses la verdad
verias que por tu royndad
as avido mal pastor:
saca, saca de tu seno
la royndad de que estas lleno,
y verás como será
que este se castigará,
o dara Dios otro bueno.
... ... ... ... ... ... ... ... ... ... ... ...

ANÓNIMO
Siglo XV)

## LA JURA DE SANTA GADEA

En Santa Gadea de Burgos
do juran los fijosdalgo
allí le toma la jura
el Cid al rey Castellano,
sobre un cerrojo de hierro
y una ballesta de palo.
Las juras eran tan recias,
que a todos ponen espanto:
«Villanos mátente, Alfonso,
villanos que no fidalgos;
de las Asturias de Oviedo
que non sean castellanos;
abarcas traigan calzadas,
que non zapatos con lazos;
capas traigan aguaderas,
no de contray, ni frisado;
con camisones de estopa,
non de holanda ni labrados;
vayan cabalgando en burras,
non en mulas y caballos;
las riendas traigan de cuerda,
non de cuero fogueados;
mátente con aguijadas,
no con lanzas ni con dardos;
con cuchillos cachicuernos,
no con puñales dorados;
mátente por las aradas,
no por villas ni poblados,
sáquente el corazón vivo
por el derecho costado,
si non dijeres verdad
de lo que te es preguntado:

si tú fuiste o consentiste
en la muerte de tu hermano.»

ANÓNIMO
(Siglo XV)

## *ABENAMAR*

«¡Abenámar, Abenámar,
moro de la morería,
el día que tú naciste
grandes señales había!
Estaba la mar en calma,
la luna estaba crecida:
moro que en tal signo nace
no debe decir mentira.»
Allí respondiera el moro,
bien oiréis lo que decía:
«No te la diré, señor,
aunque me cueste la vida,
porque soy hijo de un moro
y de una cristiana cautiva;
siendo yo niño y muchacho,
mi madre me lo decía:
que mentira no dijese,
que era gran villanía:
por tanto, pregunta, rey,
que la verdad te diría.»
«Yo te agradezco, Abenámar,
aquesa tu cortesía.
¿Qué castillos son aquéllos?
¡Altos son y relucían!»

«El Alhambra era, señor,
y la otra la Mezquita,
los otros los Alíxares,
labrados a maravilla.
El moro que los labraba
cien doblas ganaba al día,
y el día que no los labra,
otras tantas se perdía.
Desque los tuvo labrados
el rey le quitó la vida
porque no labre otros tales
al rey del Andalucía.
El otro es Generalife,
huerta que par no tenía;
el otro Torres Bermejas,
castillo de gran valía.»
Allí hablara el rey don Juan,
bien oiréis lo que decía:
«Si tú quisieras, Granada,
contigo me casaría;
daréte en arras y dote
a Córdoba y a Sevilla.»
«Casada soy, rey don Juan,
casada soy, que no viuda;
el moro que a mí me tiene
muy grande bien me quería.»

ANÓNIMO
(Siglo XV)

## ROMANCE DE LA HIJA DEL REY DE FRANCIA

De Francia partió la niña,
de Francia la bien guarnida:
íbase para París,
do padre y madre tenía.
Errado lleva el camino,
errado lleva la guía:
arrimárase a un roble
por esperar compañía.
Vió venir un caballero
que a París lleva la guía.
La niña desque lo vido
de esta suerte le decía:
—Si te place, caballero,
llévesme en tu compañía.
—Pláceme, dijo, señora,
pláceme, dijo, mi vida.—
Apeóse del caballo
por hacelle cortesía;
puso la niña en las ancas
y él subiérase en la silla.
En el medio del camino
de amores la requería.
La niña desque lo oyera
díjole con osadía:
—Tate, tate, caballero,
no hagáis tal villanía:
hija soy de un malato
y de una mala tía;
el hombre que a mí llegase
malato se tornaría.—

El caballero con temor
palabra no respondía.
A la entrada de París
la niña se sonreía.
—¿De qué vos reís, señora?
—¿De qué vos reís, mi vida?
—Ríome del caballero
y de su gran cobardía:
¡tener la niña en el campo
y catarle cortesía!
Caballero con vergüenza
estas palabras decía:
—Vuelta, vuelta, mi señora,
que una cosa se me olvida.—
La niña, como discreta,
dijo: —Yo no volvería,
mi persona, aunque volviese,
en mi cuerpo tocaría:
hija soy del rey de Francia
y de la reina Constantina;
el hombre que a mí llegase,
muy caro le costaría.

Anónimo
(Hacia el siglo XV)

## *ROMANCE DE FONTEFRIDA*

Fonte-frida, fonte-frida,
fonte-frida y con amor,
do todas las avecicas
van tomar consolación,
si no es la tortolica,
que está viuda y con dolor.
Por allí fuera a pasar
el traidor de ruiseñor:
las palabras que le dice
llenas son de traición:
 —Si tú quisieses, señora,
yo sería tu servidor.
 —Vete de ahí, enemigo
malo, falso, engañador,
que ni poso en ramo verde,
ni en prado que tenga flor;
que si el agua hallo clara,
turbia la bebía yo;
que no quiero haber marido,
porque hijos no haya, no:
no quiero placer con ellos,
ni menos consolación.
¡Déjame, triste enemigo,
malo, falso, mal traidor,
que no quiero ser tu amiga,
ni casar contigo, no!

Anónimo
(Hacia el siglo XV)

## *ROMANCE DE ROSA FRESCA*

Rosa fresca, rosa fresca,
tan garrida y con amor,
cuando vos tuve en mis brazos,
no vos supe servir, no;
y agora que os serviría,
no vos puedo haber, no.
—Vuestra fué la culpa, amigo;
vuestra fué, que mía no;
enviásteme una carta
con vuestro servidor,
y en lugar de recaudar
él dijera otra razón;
que érades casado, amigo,
allá en tierras de León;
que tenéis mujer hermosa
y hijos como una flor.

—Quien os lo dijo, señora,
no vos dijo verdad, no;
que yo nunca entré en Castilla
ni allá en tierras de León,
sino cuando era pequeño,
que no sabía de amor.

ANÓNIMO
(Hacia el siglo XV)

## ROMANCE DEL REY MORO
## QU PERDIO A VALENCIA

Helo, helo por do viene—el moro por la calzada,
caballero a la gineta—encima una yegua baya;
borceguíes marroquíes—y espuela de oro calzada;
una adarga ante los pechos,—y en su mano una
[azagaya.
Mirando estaba a Valencia,—como está tan bien
[cercada:
—Oh Valencia, oh Valencia,—de mal fuego seas
[quemada.
Primero fuiste de moros—que de cristianos ganada.
Si la lanza no me miente,—a moros serás tornada,
aquel perro de aquel Cid—prenderélo por la barba:
su mujer doña Jimena—será de mi cautivada,
su hija Urraca Hernando—será mi enamorada:
después de yo harto de ella—la entregaré a mi com-
[paña.—
El buen Cid no está tan lejos,—que todo bien lo
[escuchaba.
—Venid vos acá, mi hija,—mi hija doña Urraca;
dejad las ropas continas,—y vestid ropas de Pascua.
Aquel moro hi-de-perro—detenémelo en palabras,
mientras yo ensillo a Babieca—y me ciño la mi es-
[pada.—
La doncella muy hermosa—se paró a una ventana:
el moro desde la vido,—de esta suerte le hablara:
—Alá te guarde, señora,—mi señora doña Urraca!
—Así haga a vos, señor,—buena sea vuestra lle-
[gada!
Siete años ha, rey, siete,—que soy vuestra enamo-
[rada.

—Otros tantos ha, señora,—que os tengo dentro
[del alma.—
Ellos estaban en aquesto,—el buen Cid que se aso-
[maba.
—Adios, adios, mi señora,—la mi linda enamorada,
que del caballo Babieca—yo bien oigo la patada.—
Do la yegua pone el pie,—Babieca pone la pata.
Allí hablara al caballo,—bien oiréis lo que hablaba:
—Reventar debía la madre—que a su hijo no espe-
[raba!—
Siete vueltas la rodea— al rededor de una jara;
la yegua, que era ligera,—muy adelante pasaba,
fasta llegar cabe un río—adonde una barca estaba.
El moro, desque la vido,—con ella bien se holgaba:
grandes gritos da al barquero—que le allegase la
[barca:
el barquero diligente,—túvosela aparejada,
embarcó muy presto en ella,—que no se detuvo
[nada.
Estando el moro embarcado,—el buen Cid, que lle-
[gó al agua
y por ver al moro en salvo,—de tristeza reventaba:
mas con la furia que tiene,—una lanza le arrojaba,
y dijo: —¡Recoged, yerno,—arrecogedme esa lanza,
que quizá tiempo vendrá—que os será bien deman-
[dada!

ANÓNIMO
(Hacia el siglo XV)

## ROMANCE DE BERNARDO DEL CARPIO

Con cartas y mensajeros—el rey Carpio envió;
Bernaldo, como el discreto,—de traición se receló;
las cartas echó en el suelo—y al mensajero habló:
—Mensajero eres, amigo,—no mereces culpa, no;
mas al rey que acá te envía—dígasle tú esta razón:
que no lo estimo yo a él,—ni aun a cuantos con él
[son;
mas, por ver lo que me quiere,—todavía alla iré
[yo.—
Y mandó juntar los suyos,—de esta suerte les habló:
—Cuatrocientos sois los míos,—los que comedes
[mi pan:
los ciento irán al Carpio,—para el Carpio guardar;
los ciento por los caminos,—que nadie dejen pasar,
doscientos iréis conmigo—para con el rey hablar;
si mala me la dijera,—peor se la he de tornar.—
Por sus jornadas contadas—a la corte fue a llegar.
—Manténgavos Dios, buen rey,—y a cuantos con
[vos están.
—Mal vengades vos, Bernaldo,—traidor, hijo de
[mal padre;
dite yo el Carpio en tenencia,—tú tomarlo de he-
[redad.
—Mentides, el rey, mentides,—que no dices la ver-
[dad;
que si yo fuese traidor—a vos os cabría en parte.
Acordásevos debía—de aquella del Encinal,
cuando gentes extranjeras—allí os trataron tan mal,
que os mataron el caballo—y aun a vos querían
[matar.
Bernaldo, como traidor,—de entre ellos os fué a
[sacar;

allí me distes el Carpio—de juro y de heredad;
prometísteme a mi padre,—no me guardaste ver-
[dad.
—Prendedlo, mis caballeros,—que igualado se me
[ha.
—Aquí, aquí mis doscientos,—los que comedes mi
[pan,
que hoy era venido el día—que honra habemos de
[ganar.
El rey, de que aquesto viera,—de esta suerte fué a
[hablar:
—¿Qué ha sido aquesto, Bernadlo,—que así enoja-
[do te has?
¿Lo que hombre dice de burla—de veras vas a to-
[mar?
Yo de dó el Carpio, Bernaldo,—de juro y de here-
[dad.
—Aquesas burlas, el rey,—no son burlas de burlar;
llamásteme de traidor.—traidor, hijo de mal padre;
el Carpio yo no lo quiero,—bien lo podéis guardar;
que cuando y lo quisiere,—muy bien lo sabré ganar.

ANÓNIMO
(Siglo XV)

## ROMANCE DEL INFANTE VENGADOR

Helo, helo por do viene-el infante vengador,
caballero a la gineta-en caballo corredor,
su manto revuelto al brazo-demudada la color,
y en la su mano derecha-un venablo cortador.
Con la punta del venablo-sacarían un arador.
Siete veces fue templado-en la sangre de un dragón,
y otras tantas fue afilado-porque cortase mexor:
el hierro fue hecho en Francia-y el asta en Aragón:
perfilandoselo yba-en las alas de su halcón.
Yba a buscar a don Quadros-a don Quadros el
 [traydor,
allá le fuera a hallar-junto al emperador.
La vara tiene en la mano-que era justicia mayor.
Siete veces lo pensaba-si lo tiraría o no,
y al cabo de las ocho-el venablo le arrojó.
Por dar al dicho don Quadros-dado ha al empera-
 [dor:
pasado le ha manto y sayo-que era de tornasol:
por el suelo ladrillado-más de un palmo le metió.
Allí le habló el rey-bien oiréis lo que le habló:
—¿Por qué me tiraste, infame?-¿Por qué me tiras,
 [traydor?
—Perdoneme tu Alteza-que no tiraba a ti, no:
tiraba al traydor don Quadros-ese falso engañador,
que siete hermanos tenía-no ha dejado, si a mí no;
por eso delante de ti-buen rey, lo desafío yo.
Todos fían a don Quadros-y al infante no fían, no.
si no fuera una doncella-hija del emperador,
que los tomó por la mano-y en el campo los metió.
A los primeros encuentros-Quadros en tierra cayó.
Apearease el infante-la cabeza le cortó,

y tomárala en su lança-y al buen rey la presentó.
De aquesto vido el rey-con su hija le casó.

ANÓNIMO
(Siglo XV)

## ¡AY DE MI ALHAMA!

Paseábase el rey moro
por la ciudad de Granada,
desde la puerta de Elvira
hasta la de Vivarrambla.
Cartas le fueron venidas
que su Alhama era ganada.
«¡Ay de mi Alhama!»
Apeóse de una mula,
y en un caballo cabalga;
por el Zacatín arriba,
subido se había al Alhambra.
«¡Ay de mi Alhama!»
Como en el Alhambra estuvo
al mismo punto mandaba
que se toquen sus trompetas,
sus añafiles de plata.
«¡Ay de mi Alhama!»
Y que las cajas de guerra
apriesa toquen el arma,
porque lo oigan sus moros,
los de la Vega y Granada.
«¡Ay de mi Alhama!»
Los moros que el son oyeron
que el sangriento Marte llama,
uno a uno y dos a dos

juntado se ha gran compaña.
«¡Ay de mi Alhama!»
Allí fabló un moro viejo,
de esta manera fablara:
«¿Para qué nos llamas, rey,
para qué es esta llamada?»
«para que sepáis, amigos,
una nueva desdichada:
que cristianos de braveza
ya nos han ganado Alhama.»
«¡Ay de mi Alhama!»
Así fabló un alfaquí
de barba crecida y cana:
«Bien se te emplea, buen rey,
buen rey, bien se te empleara.
Mataste los Bencerrajes,
que eran la flor de Granada:
cogiste los tornadizos
de Córdoba la nombrada.
Por eso mereces, rey,
una pena muy doblada:
que te pierdas tú y el reino,
y que se acabe Granada.»
«¡Ay de mi Alhama!»

ANÓNIMO
(Siglo XV)


## *ROMANCE DE BLANCA-NIÑA*

—Blanca sois, señora mía,
más que no el rayo del sol:
¿si la dormiré esta noche
desarmado y sin pavor?

Que siete años había, siete,
que no me desarmo, no.
Más negras tengo mis carnes
que un tiznado carbón.
—Dormidla, señor, dormidla,
desarmado, sin temor,
que el conde es ido a la caza
a los montes de León.
—Rabia le mate los perros,
y águilas el su halcón,
y del monte hasta casa
a él arrastre el morón.—
Ellos en aquesto estando,
su marido que llegó:
—¿Qué hacéis la Blanca-Niña,
hija de padre traidor?
—Señor, peino mis cabellos,
Péinolos con gran dolor,
que me dejéis a mí sola
y a los montes os vais vos.
—Esa palabra, la niña,
no era sino traición:
¿cúyo es aquel caballo
que allá abajo relinchó?
—Señor, era de mi padre,
y envióoslo para vos.
—¿Cúyas son aquellas armas
que están en el corredor?
—Señor, eran de mi hermano,
y hoy os las envió.
—¿Cúya es aquella lanza,
desde aquí la veo yo?
—Tomadla, conde, tomadla,
matadme con ella vos,

que aquesta muerte, buen conde,
bien os la merezco yo.

ANÓNIMO
(Siglo XV)

## *AMOR*

Ay amor,
perjuro, falso, traidor!
Enemigo
de todo lo que no es mal:
desleal
al que tiene ley contigo!
Falso amigo
al que te das por mayor,
ay amor,
perjuro, falso, traidor!
Tus daños
nos dan claro a entender
que un placer
es pesar de cien mil años,
y en mis daños
esto se prueba mejor,
ay amor,
perjuro, falso, traidor!

LÓPEZ MALDONADO
(Siglo XV)

## *ROMANCE DE DOÑA ALDA*

En París está doña Alda,
la esposa de don Roldán,
trescientas damas con ella
para bien la acompañar;
todas visten un vestido,
todas calzan un calzar,
todas comen a una mesa,
todas comían de un pan,
si no era doña Alda,
que era la mayoral.
Las ciento hilaban oro,
las ciento tejen cendal,
las ciento instrumento tañen
para Doña Alda holgar.
Al son de los instrumentos
doña Alda dormido se ha;
ensoñando había un sueño,
un sueño de gran pesar.
Recordó despavorida
y con un vapor muy grande
los gritos daba tan grandes,
que se oían en la ciudad.
Allí hablaron sus doncellas,
bien oiréis lo que dirán:
«¿Qué es aquesto, mi señora?
¿Quién es el que os hizo mal?»
«Un sueño soñé, doncellas,
que me ha dado gran pesar:
que me veía en un monte
en un desierto lugar
y do son los montes altos,
un azor vide volar,

tras dél viene una aguililla
que lo ahínca muy mal.
El azor con grande cuita
metióse so mi brial;
el águila con gran ira
de allí lo iba a sacar;
con las uñas lo despluma,
con el pico lo deshaz.»
Allí habló su camarera,
bien oiréis lo que dirá:
«Aqueste sueño, señora,
bien os lo entiendo soltar:
el azor es vuestro esposo,
que de España viene ya;
el águila sedes vos,
con la cual ha de casar,
y aquel monte es la iglesia,
donde os han de velar.»
Si es así, mi camarera,
bien te lo entiendo pagar.»
Otro día de mañana
cartas de lejos le traen:
tintas venían de fuera
de dentro escritas con sangre
que su Roldán era muerto
en la caza de Roncesvalles.
Cuanto tal oyó doña Alda
muerta en el suelo se cae.

ANÓNIMO
(Siglo XV)

## COPLAS

Parióme mi madre
una noche oscura,
cubrióme de luto,
faltóme ventura.

Cuando yo nací
era hora menguada,
ni perro se oía
ni gallo cantaba.

Ni gallo cantaba,
ni perro se oía,
sino mi ventura
que me maldecía.

¡Apartaos de mí,
bien afortunados,
que de sólo verme
seréis desdichados!

Dijeron mis hados
cuando fui nacido
si damas amase,
fuese aborrecido.

Fui engendrado
en signo nocturno;
reinaba Saturno
en curso menguado.

Mi lecho y la cuna
es la dura tierra;

crióme una perra,
mujer no ninguna.

Muriendo, mi madre,
con voz de tristura,
púsome por nombre
«hijo sin ventura».

Cupido enojado,
con sus sofroganos,
el arco en las manos,
me tiene encarado.

Sobróme el amor
de vuestra hermosura,
sobróme el dolor,
faltóme ventura.

ANÓNIMO, siglo XV

## VILLANCICO

Pues amas, triste amador,
dime qué cosa es amor.

Es amor un mal que mata
a quien más le obedece,
mal que mucho más maltrata
al que menos mal merece,
favor que más favorece
al menos merecedor.

Es amor una afición
de desseo desseoso,
donde falta la razón
al tiempo más peligroso,
y es un deleite engañoso
guarnecido de dolor.

Es amor un tal poder
que fuerça la voluntad;
adonde pone querer
quita luego libertad.
Es más firme su amistad
cuando finge desamor.

Es una fuente do mana
agua dulce y amargosa,
que a los unos es muy sana
y a los otros peligrosa,
unas veces muy sabrosa
y otras veces sin sabor.

Es una rosa en abrojos
que nace en cualquier sazón
cuando se vencen los ojos
consintiendo el coraçón.
Cógese con gran pasión,
con gran peligro y temor.

Fin.

Es un xarope mezclado
de un placer y mil tristuras,
desleído con cuidado
en dos mil desaventuras,

que si bever lo procuras
morirás si no hay favor.

JUAN DEL ENCINA
(1468-1529)

*VILLANCICO*

No te tardes, que me muero,
    carcelero,
¡no te tardes, que me muero!
Apresura tu venida,
porque no pierda la vida,
que la fe no está perdida,
    carcelero,
¡no te tardes, que me muero!
Sácame desta cadena,
que recibo muy gran pena
pues tu tardar me condena;
    carcelero,
¡no te tardes, que me muero!
La primera vez que me viste,
sin lo sentir me venciste:
suéltame, pues me prendiste;
    carcelero,
¡no te tardes, que me muero!
La llave para soltarme
ha de ser galardonarme
prometiendo no olvidarme,
    carcelero,
¡no te tardes, que me muero!

JUAN DEL ENCINA
(1468-1529)

## ROMANCE DEL CONDE ARNALDOS

¡Quién hubiese tal ventura
sobre las aguas del mar,
como hubo el conde Arnaldos
la mañana de San Juan!
Con su falcón en la mano
la caza iba a cazar,
y venir vio una galera
que a tierra quiere llegar.
Las velas traía de seda,
la jarcia de un cendal,
marinero que la manda
diciendo viene un cantar
que la mar facía en calma,
los vientos hace amainar,
los peces que andan nel hondo
arriba los hace andar,
las aves que andan volando
nel mástil las faz posar.
«Galera, la mi galera,
Dios te me guarde de mal,
de los peligros del mundo
sobre las aguas del mar
de los llanos de Almería,
del estrecho de Gibraltar,
y del golfo de Venecia
y de los bancos de Flandes
y del golfo de León,
donde suele peligrar».
Allí fabló el conde Arnaldos,
bien oiréis lo que dirá:
«Por Dios te ruego, marinero,
digáisme ora ese cantar».

Respondióle el marinero,
tal respuesta le fue a dar:
«Yo no digo esa canción
sino a quien conmigo va».

A<small>NÓNIMO</small>
(Siglo XV)

## *EL PRISIONERO*

Que por mayo era por mayo,
cuando hace la calor,
cuando los trigos encañan
y están los campos en flor;
cuando canta la calandria
y responde el ruiseñor;
cuando los enamorados
van a servir al amor,
sino yo, triste, cuitado,
que vivo en esta prisión,
que ni sé cuándo es de día,
ni cuándo las noches son,
sino por una avecilla
que me canta al albor.
Matómela un ballestero;
déle Dios mal galardón.

A<small>NÓNIMO</small>
(Siglo XV)

## *CRUELES PENAS QUE DA AMOR*

Llorad mi triste dolor
e cruel pena en que vivo,
pues de quien soy amador
non oso desir cativo.

Mi coraçón quiso ser
causa de mi perdiçión
e me fase padescer
donde tan grand perdiçión

amor que me da et syn rasón,
e cruel pena en que vivo,
pues de quien soy amador
non oso desir cativo.

LOPE DE STUÑIGA
(Siglo XV)

## *CANTIGA EN LOORES DEL AMOR*

Con tan alto poderyo
Amor nunca fué juntado,
nin con tal orgullo e brío
qual yo vy por mi pecado
contra mi que fuy sandío,
denodado en yr a ver
     su grant poder
e muy alto señoryo.

Con él venía Mesura,
e la noble Cortesya,

    la poderosa Cordura,
    la briosa Loçanía:
    rreglávalos Fermosura
    que traya gran valor
        porque Amor
    vençió la mi grant locura.

    El mi coraçón syn seso
    desque las sus ases vydo,
    fallesçióme e fuy preso,
    e finqué muy mal ferido:
    la mi vida es en pesso
    sy acorro non me ven,
        ora que quen
    el desir ni era defeso.

    Rendyme a su altesa
    desque fuy desbaratado,
    e priso me con cruesa
    onde bivo encarçelado:
    las mis guardas son Tristura
        después que vy
    la su muy grant rrealesa.

**MACÍAS**
(Siglo XV)

# Siglo de oro
(Siglos XVI y XVII)

*SIGLO DE ORO*

## *CANTIGA*

¡Muy graciosa es la doncella
como es bella y hermosa!
Digas tú, el marinero
que en las naves vivías,
si la nave o la vela o la estrella
es tan bella.

Digas tú, el caballero
que las armas vestías,
si el caballo o las armas o la guerra
es tan bella.

Digas tú, el pastorcico
que el ganadico guardas,
si el ganado o los valles o la sierra
es tan bella.

GIL VICENTE
(1470-1539)

## CANCION

¡Dicen que me case yo!
¡No quiero marido, no!
Más quiero vivir segura
nesta sierra a mi soltura
que no estar en ventura
si casaré bien o no.
¡Dicen que me case yo!
¡No quiero marido, no!
Madre, no seré casada
por no ver vida cansada,
o quizás mal empleada
la gracia que Dios me dio.
¡Dicen que me case yo!
¡No quiero casarme, no!
No será ni es nacido
tal para ser mi marido,
y pues que tengo sabido
que la flor yo me la so.
¡Dicen que me case yo!
¡No quiero casarme, no!

GIL VICENTE
(1470-1539)

## COPLA

*Que las manos tengo blandas*
*del broslar:*
*no nascí para segar.*

¡Oh manos mías tan bellas
no para segar nascidas,

si ya no fuesen las vidas
de cuantos osaren vellas!
Sí, para cegar son ellas
en mirar,
pero no para segar.

JUAN FERNÁNDEZ DE HEREDIA
(1480-1549)

## SONETO

Soy como aquel que vive en el desierto,
del mundo y de sus cosas olvidado,
y a descuido veis donde le ha llegado
un gran amigo, al cual tuvo por muerto.

Teme luego de un caso tan incierto;
pero, después que bien se ha segurado,
comienza a holgar pensando en lo pasado,
con nuevos sentimientos muy despierto.

Mas cuando ya este amigo se le parte,
al cual partirse presto le conviene,
la soledad empieza a selle nueva;

con las hierbas del monto no se aviene,
para el yermo le falta toda el arte,
y tiembla cada vez que entra en su cueva.

JUAN BOSCÁN
(1490-1542)

## EL RUISEÑOR QUE PIERDE SUS HIJUELOS

Cual suele el ruiseñor entre las sombras
de las hojas del olmo o de la haya
la pérdida llorar de sus hijuelos,
a los cuales sin plumas aleando
el duro labrador tomó del nido:
llora la triste pajarilla entonces
la noche entera sin descanso alguno,
y desde allá, do está puesta en su ramo,
renovando su llanto dolorido,
de sus querellas hinche todo el campo.

JUAN BOSCÁN
(+ 1542)

## ALOCUCION DE LOS DOS EMBAJADORES DE VENUS A DOS DAMAS DE BARCELONA

¿Qué engaño, cuál error el vuestro ha sido
andar contra el Amor guerra moviendo?
¿Vosotras no tenéis por muy sabido
que es vivir sin amar morir viviendo?
Amor dió ser a todo lo nacido,
diversas hermosuras produciendo;
y así entendió de producir las vuestras,
como las dos más principales muestras...
 Amor es voluntad dulce y sabrosa,
que todo corazón duro enternece:
el Amor es el alma en toda cosa,
por quien remoza el mundo y reverdece:
el fin de todos en Amor reposa,
en él todo comienza y permanece:
de este mundo y del otro la gran traza
con sus alas Amor todo lo abraza...
 La tierra, el mar, el aire, más el fuego,
lo visible también con lo invisible,
con lo mutable el eternal sosiego,
lo que no siente y todo lo sensible,
Amor, tú lo gobiernas con tu ruego,
ruego que es mando y fuerza incomprensible:
tu propio asiento está, y tu fortaleza,
en la más alta y más eterna alteza...

Esta hizo que aquel gran Veronés
por su Lesbia cantasse dulcemente,
y hizo por Corina al Sulmonés
abrir la vena de su larga fuente:
cantadas Delia y Cintia las verés
por Tibulo y Propercio juntamente:
todos éstos y éstas se perdieran
si esta virtud de Amor no recibieran.
    Esta guió la pluma al gran Toscano
para pintar su Laura en su figura;
y hizo a Messer Cino andar loçano,
loando de Salvagia la hermosura:
y por passar al nuestro castellano
ésta puso al de Mena gran altura,
y se movió su alma y su sentido
a cantar *«Ay dolor de el dolorido»*.

JUAN BOSCÁN
(+ 1542)

## VISITA DE AMOR

Unas coplas muy cansadas,
con muchos pies arrastrando,
a lo toscano imitadas,
entró un amador cantando,
enojosas y pesadas,
cada pie con dos corcovas,
y de peso doce arrobas,
trovadas al tiempo viejo.
Dios perdone a Castillejo,
que bien habló de estas trovas.

Dijo Amor: «¿Dónde se aprende
este metro tan prolijo,
que las orejas ofende?
'Algarabía de allende':
el sujeto frío y duro,
y el estilo, tan escuro,
que la dama en quien se emplea
duda, por sabia que sea,
si es requiebro o es conjuro.»

«Ved si la invención es basta,
pues Garcilaso y Boscán,
las plumas puestas por asta,
cada uno es un Roldán
y, con todo, no basta;
yo no alcanzo cuál engaño
te hizo para tu daño,
con locura y desvarío,
meter en mi señorío
moneda de reino extraño.»

«Con dueñas y con doncellas,
dijo Venus, ¿qué pretende
quien las dice sus querellas
en lenguaje que no entiende
él, ni yo, ni vos, ni ella?
Sentencio al que tal hiciere
que la dama por quien muere
lo tenga por cascabel,
y que haga burla dél
y de cuanto le escribiere.»

CRISTÓBAL DE CASTILLEJO
(1492-1550)

### VILLANCICO

*Aquí no hay*
*sino ver y desear;*
*aquí no veo*
*sino morir con deseo.*

Madre, un caballero
que estaba en este corro
a cada vuelta
hacíame el ojo.
Yo, como era bonica,
teníaselo en poco.

Madre, un escudero
que estaba en esta baila
a cada vuelta

asíame de la manga.
Yo, como soy bonica,
teníaselo en nada.

> Cristóbal de Castillejo
> (1492-1550)

## *REPRENSION CONTRA LOS POETAS ESPAÑOLES QUE ESCRIBEN EN VERSO ITALIANO*
(Fragmentos)

Pues la sancta Inquisición
suele ser tan diligente
en castigar con razón
cualquier secta y opinión
levantada nuevamente,
resucítese Lucero
a corregir en España
una tan nueva y extraña,
como aquella de Lutero
en las partes de Alemaña.
Bien se pueden castigar
a cuenta de anabaptistas,
pues por ley particular
se tornan a baptizar
y se llaman petrarquistas.
Han renegado la fe
de las trovas castellanas,
y tras las italianas
se pierden, diciendo que

son más ricas y lozanas.

. . . . . . .

Dios dé gloria a Boscán
y a Garcilaso poeta,
que con no pequeño afán
y por estilo galán
sostuvieron esta seta
y la dejaron acá
ya sembrada entre la gente...

CRISTÓBAL DE CASTILLEJO
(1492-1550)

## *CANCION*

Danubio, río divino,
que por fieras naciones
vas con tus claras ondas discurriendo,
pues no hay otro camino
por donde mis razones
vayan fuera d'aquí sino corriendo
por tus aguas y siendo
en ellas anegadas,
si en tierra tan ajena,
en la desierta arena,
d'alguno fueran a la fin halladas,
entiérrelas siquiera
porque su error s'acabe en tu ribera.

GARCILASO DE LA VEGA
(1501-1536)

*SIGLO DE ORO*

## *A LA FLOR DE GNIDO*

Si de mi baxa lira
tanto pudiese el son, que en su momento
aplacase la ira
del animoso viento
y la furia del mar y el movimiento;
y en ásperas montañas
con el suave canto enterneciese
las fieras alimañas,
los árboles moviese,
y al son confusamente los traxese;
no pienses que cantando
sería de mí, hermosa flor de Gnido,
el fiero Marte airado,
a muerte convertido,
de polvo y sangre, y de sudor teñido;
ni aquellos capitanes
en las sublimes ruedas colocados,
por quien los alemanes
el fiero cuello atados,
y los franceses van domesticados.
Mas solamente aquella
fuerza de tu beldad sería cantada,
y alguna vez con ella
también sería notada
el aspereza de que estás armada;
y cómo por ti sola,
y por tu gran valor y fermosura,
convertido en viola,
llora su desventura
el miserable amante en tu figura.
Hablo de aquel cautivo,
de quien tener se debe más cuidado,

que está muriendo vivo,
al remo condenado,
en la concha de Venus amarrado.
Por ti, como solía,
del áspero caballo no corrige
la furia y gallardía,
ni con el freno le rige,
ni con vivas espuelas ya le aflige.
Por tí, con diestra mano,
no revuelve la espada presurosa,
y en el dudoso llano
huye la polvorosa
palestra como sierpe ponzoñosa.
Por ti, su blanda musa,
en lugar de la cítara sonante,
tristes querellas usa,
que con llanto abundante
hacen bañar el rostro del amante.
Por ti, el mayor amigo
le es importuno, grave y enojoso;
yo puedo ser testigo
que ya del peligroso
naufragio fui su puesto y su reposo.
Y agora en tal manera
vence el dolor a la razón perdida,
que ponzoñosa fiera
nunca fue aborrecida
tanto como yo dél, ni tan temida.
No fuiste tú engendrada
ni producida de la dura tierra;
no debe ser notada
que ingratamente yerra
quien todo el otro error de sí destierra.
Hágate temerosa

el caso de Anaxárate, y cobarde,
que de ser desdeñosa
se arrepintió muy tarde;
y así, su alma con su mármol arde.
Estábase alegrando
del mal ajeno el pecho empedernido,
cuando abaxo mirando
el cuerpo muerto vido
del miserable amante, allí tendido.
Y al cuello el lazo atado
con que desenlazó de la cadena
el corazón cuitado,
que con su breve pena
compró la plena punición ajena.
Sintió allí convertirse
en piedad amorosa el aspereza.
¡Oh tardo arrepentirse!
¡Oh última terneza!
¿Cómo te sucedió mayor dureza?
Los ojos se enclavaron
en el tendido cuerpo que allí vieron;
los huesos se tornaron
más duros se crecieron,
y en sí toda la carne convirtieron;
las entrañas heladas
tornaron poco a poco en piedra dura;
por las venas cuitadas
la sangre su figura
iba desconociendo y su natura;
hasta que finalmente
en duro mármol vuelta y transformada,
hizo de sí la gente
no tan maravillada
cuando de aquella ingratitud vengada.

No quieras tú, señora,
de Némesis airada las saetas
probar, por Dios, agora;
baste que tus perfectas
obras y fermosura a los poetas
den inmortal materia,
sin que también en verso lamentable
celebren la miseria
de algún caso notable
que por ti pase triste y miserable.

GARCILASO DE LA VEGA<br>(1501-1536)

## *A UNA DAMA*

Tu gracia, tu valor, tu hermosura,
muestra de todo el cielo, retirada,
como cosa que está sobre natura,
ni pudiera ser vista ni pintada.

Pero yo, que en el alma tu figura
tengo, en humana forma abreviada,
tal hice retratarte de pintura,
que el amor te dejó en ella estampada.

No por ambición vana o por memoria
tuya, o ya por manifestar mis males;
mas por verte más veces que te veo,

y por sólo gozar de tanta gloria,
señora, con los ojos corporales,
como con los del alma y del deseo.

> DIEGO HURTADO DE MENDOZA
> (1503-1575)

## COPLAS

*Ser vieja y arrebolarse*
*no puede tragarse.*

El ponerse el arrebol
y lo blanco y colorado
en un rostro endemoniado
con más arrugas que col,
y en la cejas alcohol,
porque pueda devisarse,
*no puede tragarse.*

El encubrir con efeite
hueso que entre hueco y hueco
puede resonar un eco,
y el tenello por deleite,
y el relucir como aceite
rostro que era justo hollarse,
*no puede tragarse.*

El encubrir la mañana
los cabellos con afán,
y dar tez de cordobán
a lo que de sí es badana,
y el ponerse a la ventana,

siendo mejor encerrarse,
*no puede tragarse.*

El decir que le salieron
las canas en la niñez
y que de un golpe otra vez
los dientes se le cayeron,
y atestiguar que lo vieron
quien en tal no pudo hallarse,
*no puede tragarse.*

DIEGO HURTADO DE MENDOZA
(1503-1575)

## *MADRIGAL*

Ojos claros, serenos,
si de un dulce mirar sois alabados,
¿por qué, si me miráis, miráis airados?
Si cuanto más piadosos,
más bellos parecéis a aquel que os mira,
no me miréis con ira,
porque no parezcáis menos hermosos.
¡Ay tormentos rabiosos!
Ojos claros, serenos,
ya que así me miráis, miradme al menos.

GUTIERRE DE CETINA
(1510-1554)

## SONETO

Horas alegres que pasáis volando
porque a vueltas del bien mayor mal sienta;
sabrosa noche que en tal dulce afrenta
el triste despedir me vas mostrando;

importuno reloj que, apresurando
tu curso, mi dolor me representa:
estrellas con quien nunca tuve cuenta,
que mi partida vais acelerando:

gallo que mi pesar has denunciado,
lucero que mi luz va oscureciendo,
y tú, mal sosegada y moza aurora,

si en voz cabe el dolor de mi cuidado,
id poco a poco el paso deteniendo,
si no puede ser más, siquiera una hora.

GUTIERRE DE CETINA
(1530-1554)

## *VERSOS NACIDOS DEL FUEGO DEL AMOR DE DIOS QUE EN SI TENIA*

*Vivo sin vivir en mí,
y tan alta vida espero,
que muero porque no muero.*

## GLOSA

Aquesta divina unión
del amor con que yo vivo,
hace a Dios ser mi cautivo
y libre mi corazón;
mas causa en mí tal pasión
ver a Dios mi prisionero,
*que muero porque no muero.*


¡Ay! ¡Qué larga es esta vida!
¡Qué duros estos destierros,
esta cárcel y estos hierros
en que el alma está metida!
Sólo esperar la salida
me causa dolor tan fiero,
*que muero porque no muero.*


¡Ay! ¡Qué vida tan amarga
do no se goza el Señor!
Y si es dulce el amor,
no es la esperanza larga;
quíteme Dios esta carga
más pesada que el acero,
*que muero porque no muero.*


Sólo con la confianza
vivo de que he de morir,
porque muriendo, el vivir
me asegura mi esperanza;
muerte do el vivir se alcanza
no te tardes que te espero,
*que muero porque no muero.*

*SIGLO DE ORO*

Mira que el amor es fuerte;
vida, no seas molesta;
mira que sólo te resta,
para ganarte, perderte;
venga ya la dulce muerte,
venga el morir muy ligero,
*que muero porque no muero.*

Aquella vida de arriba
es la vida verdadera;
hasta que esta vida muera,
no se goza estando viva;
muerte, no seas esquiva;
vivo muriendo primero,
*que muero porque no muero.*

Vida, ¿qué puedo yo darle
a mi Dios que vive en mí,
si no es perderte a ti,
para mejor a El gozarle?
Quiero muriendo alcanzarle,
pues a El solo es el que quiero,
*que muero porque no muero.*

Estando ausente de ti,
¿qué vida puedo tener,
sino muerte padecer
la mayor que nunca vi?
Lástima tengo de mí,
por ser mi mal tan entero,
*que muero porque no muero.*

SANTA TERESA DE JESÚS
(1515-1582)

## ENDECHAS

A mi vida llena
de enojos, enojos,
ojos dieron pena,
muerte darán ojos.

Diéronme cuidados,
engaños, engaños,
daños no pensados,
nunca vistos daños.

Duras ansias mías,
tristes cuentos, cuentos,
tormentos los días,
las noches tormentos.

Nunca al dolor mío
valió ruego, ruego,
ciego que me guío
por sólo otro ciego.

Váseme la vida
volando, volando,
llegando a perdida
mas nunca llegando.

¡Oh si ya llegase
la mi muerte, muerte,
suerte que acabase
mi tan dura suerte!

PEDRO DE ANDRADE CAMINHA
(1520?-1589)

*SIGLO DE ORO*

## *A IMITACION DE MARCIAL*

Tenéis, señora Aldonza, tres treinta años,
tres cabellos no más y sólo un diente,
los pechos de cigarra propiamente
en que hay telas de arañas y de araños.

En vuestras sayas, tocas y otros paños
no hay tantas rugas como en vuestra frente;
la boca es desgarrada y tan valiente
que los puertos del mar no son tamaños.

En cantar parecéis mosquito o rana;
la zanca es de hormiga y de finado,
la vista es de lechuza a la mañana.

Oléis un cierto olor de desposado;
de cabra es vuestra espalda tan galana,
como de pato flaco y bien pelado.

Este es vuestro traslado;
de todo cuanto oís, no os falta cosa.
¿Qué os falta, pues, decí, para hermosa?

JUAN DE MAL LARA
(1527-1571)


## *VIDA RETIRADA*

¡Qué descansada vida
la del que huye del mundanal ruido
y sigue la escondida

senda por donde han ido
los pocos sabios que en el mundo han sido!

Que no le enturbia el pecho
de los soberbios grandes el estado,
ni del dorado techo
se admira, fabricado
del sabio moro, en jaspes sustentado.

No cura si la fama
canta con voz, su nombre, pregonera,
ni cura si encarama
la lengua lisonjera
lo que condena la verdad sincera.

¿Qué presta a mi contento
si soy del vano dedo señalado,
si en busca de este viento
ando desalentado
con ansias vivas y mortal cuidado?

¡Oh campo, oh monte, oh río!
¡Oh secreto seguro deleitoso!
Roto casi el navío
a vuestro almo reposo,
huyo de aqueste mar tempestuoso.

Un no rompido sueño,
un día puro, alegre, libre quiero;
no quiero ver el ceño
vanamente severo
de quien la sangre ensalza o el dinero.

Despiértenme las aves

con su cantar suave no aprendido,
ni los cuidados graves
de que es siempre seguido
quien al ajeno arbitrio está atendido.

Vivir quiero conmigo,
gozar quiero del bien que debo al cielo,
a solas, sin testigo,
libre de amor, de celo,
de odio, de esperanza, de recelo.

Del monte a la ladera
por mi mano plantado tengo un huerto,
que con la primavera
de bella flor cubierto
ya muestra en esperanza el fruto cierto.

Y como codiciosa
de ver y acrecentar su hermosura,
desde la cumbre airosa
una fontana pura
hasta llegar corriendo se apresura.

Y luego, sosegada,
el paso entre los árboles torciendo,
el suelo de pasada
de verdura vistiendo,
y con diversas flores va esparciendo.

El aire del huerto orea,
y ofrece mil olores al sentido
los árboles menea
con un manso ruido
que del oro y del cetro pone olvido.

Téngase su tesoro
los que de un flaco leño se confían;
no es mío ver el lloro
de los que desconfían
cuando el cierzo y el ábrego porfían.

La combatida entena
cruje, y en ciega noche el claro día
se torna, al cielo suena
confusa vocería,
y la mar enriquecen a porfía.

A mí, una pobrecilla
mesa, de amable paz bien abastada,
me baste, y la baxilla
de fino oro labrada
sea de quien la mar no teme airada.

Y mientras miserable-
mente se están los otros abrasando
en sed insaciable
del no durable mando,
tendido yo a la sombra esté cantando.

A la sombra tendido,
de yedra y lauro eterno coronado,
puesto el atento oído
al son dulce acordado
del plectro sabiamente meneado.

**FRAY LUIS DE LEÓN**
**(1527-1591)**

*SIGLO DE ORO*

## *A FRANCISCO SALINAS*

El aire se serena
y viste de hermosura y luz no usada,
Salinas, cuando suena
la música extremada
por vuestra sabia mano gobernada.

A cuyo son divino
mi alma, que en olvido está sumida,
torna a cobrar el tino
y memoria perdida
de su origen primera esclarecida.

Y como se conoce,
en suerte y pensamientos se mejora;
el oro desconoce
que el vulgo ciego adora,
la belleza caduca engañadora.

Traspasa el aire todo
hasta llegar a la más alta esfera,
y oye allí otro modo
de no perecedera
música, que es de todas la primera.

Ve cómo el gran maestro
a aquesta inmensa cítara aplicado,
con movimiento diestro
produce el son sagrado
con que este eterno templo es sustentado.

Y como está compuesta
de números concordes, luego envía

consonante respuesta,
y entrambos a porfía
mezclan una dulcísima armonía.

Aquí el alma navega
por una mar de dulzura, y finalmente
en ál así se anega,
que ningún accidente
extraño o peregrino oye o siente.

¡Oh desmayo dichoso!
¡Oh muerte que das vida! ¡Oh dulce olvido!
¡Durase en tu reposo
sin ser restituido
jamás a aqueste baxo y vil sentido!

A este bien os llamo,
gloria del apolíneo sacro coro,
amigos, a quien amo
sobre todo tesoro,
que todo lo demás es triste lloro.

¡Oh! Suene de contino,
Salinas, vuestro son en mis oídos,
por quien al bien divino
despiertan los sentidos,
quedando a lo demás adormecidos.

FRAY LUIS DE LEÓN
(1527-1591)

## *NOCHE SERENA*

Cuando contemplo el cielo
de innumerables luces adornado,
y miro hacia el suelo
de noche rodeado,
en sueño y en olvido sepultado,

el amor y la pena
despiertan en mi pecho un ansia ardiente:
despiden larga vena
los ojos hechos fuente;
la lengua dice al fin con voz doliente:

Morada de grandeza,
templo de claridad y fermosura,
mi alma, que a tu alteza
nació, ¿qué desventura
la tiene en esta cárcel, baxa, escura?

¿Qué mortal desatino
de la verdad aleja así el sentido,
que tu bien divino
olvidado, perdido
sigue la vana sombra, el bien fingido?

El hombre está entregado
al sueño, de su muerte no cuidando,
y con paso callado
el cielo vueltas dando
las horas del vivir le va hurtando.

¡Ah! Despertad, mortales;
mirad con atención en vuestro daño;

¿las almas inmortales
hechas a bien tamaño,
podrán vivir de sombra y sólo engaño?

¡Ay! Levantad los ojos
a aquesta celestial eterna esfera,
burlaréis los antojos
de aquesta lisonjera
vida, con cuanto teme y cuanto espera.

¿Es más que un breve punto
el baxo y torpe suelo, comparado
a aquesta gran trasunpto,
do vive mejorado
lo que es, lo que será, lo que ha pasado?

Quien mira el gran concierto
de questos resplandores eternales,
sin movimiento cierto,
sus pasos desiguales,
y en proporción concorde tan iguales;

La luna cómo mueve
la plateada rueda, y va en pos de ella
la luz do el saber llueve,
y la graciosa estrella
de Amor la sigue reluciente y bella;

y como otro camino
prosigue sanguinoso Marte airado,
y el Júpiter benino
de bienes mil cercado
serena el cielo con su rayo amado;

*SIGLO DE ORO*

rodéase en la cumbre
Saturno, padre de los siglos de oro;
tras él la muchedumbre
del reluciente coro
su luz va repartiendo y su tesoro.

¿Quién es el que esto mira,
y precia la baxeza de la tierra,
y no gime y suspira
por romper lo que encierra
el alma, y de estos bienes la destierra?

Aquí vive el contento,
aquí reina la paz; aquí asentado
en rico y alto asiento
está el amor sagrado
de glorias y deleites rodeado.

Inmensa fermosura
aquí se muestra toda; y resplandece
clarísima luz pura,
que jamás anochece;
eterna primavera aquí florece.

¡Oh campos verdaderos!
¡Oh prados con verdad frescos y amenos!
¡Riquísimos mineros!
¡Oh deleitosos senos!
¡Repuestos valles de mil bienes llenos!

FRAY LUIS DE LEÓN
(1527-1591)

## *IMITACION DE DIVERSOS*

Vuestra tirana exención
y ese vuestro cuello erguido
estoy cierto que Cupido
pondrá en dura sujeción.
Vivid esquiva y exenta;
que a mi cuenta
vos serviréis al amor
cuando de vuestro dolor
ninguno quiera hacer cuenta.

Cuando la dorada cumbre
fuera de nieve esparcida,
y las dos luces de vida
recogieran ya su lumbre;
cuando la ruga enojosa
en la hermosa
frente y cara se mostrare,
y el tiempo que vuela helare
esa fresca y linda rosa:

Cuando os viéredes perdida,
os perderéis por querer,
sentiréis qué es padecer,
querer y no ser querida.
Diréis con dolor, señora,
cada hora:
¡Quién tuviera, ay sin ventura,
o agora aquella hermosura,
o antes el amor de agora!

A mil gentes que agraviadas
tenéis con vuestra porfía

dexaréis en aquel día
alegres y bien vengadas.
Y por mil partes volando,
publicando
el amor irá este cuento,
para aviso y escarmiento
de quien huye de su bando.

¡Ay!, por Dios, señora bella,
mirad por vos, mientras dura
esa flor graciosa y pura,
que el no gozalla es perdella,
y pues no menos discreta
y perfeta
sois que bella y desdeñosa,
mirad que ninguna cosa
hay que amor no esté sujeta.

El amor gobierna el cielo
con ley dulce eternamente,
¿y pensáis vos ser valiente
contra el acá en el suelo?
Da movimiento y viveza
a belleza
el amor, y es dulce vida;
y la suerte más valida
sin él es triste pobreza.

¿Qué vale el beber en oro,
el vestir seda y brocado,
el techo rico labrado,
los montones de tesoro?
¿Y qué vale si a derecho
os da pecho

el mundo todo y adora,
si a la fin dormís, señora,
en el solo y frío lecho?

FRAY LUIS DE LEÓN
(1527-1591)

## AL SALIR DE LA CARCEL

Aquí la envidia y la mentira
me tuvieron encerrado.
Dichoso el humilde estado
del sabio que se retira
de aqueste mundo malvado,
y con pobre mesa y casa,
en el campo deleitoso
con sólo Dios se compasa,
y a solas la vida pasa,
ni envidiado ni envidioso.

FRAY LUIS DE LEÓN
(1527-1591)

## CENA JOCOSA

En Jaén, donde resido,
vive don Lope de Sosa,
y diréte, Inés, la cosa
más brava dél que has oído.

*SIGLO DE ORO*

Tenía este caballero
un criado portugués...
Pero cenemos, Inés,
si te parece, primero.

La mesa tenemos puesta;
lo que se ha de cenar, junto;
las tazas y el vino, a punto;
falta comenzar la fiesta.

Rebana pan. Bueno está.
La ensaladilla es del cielo;
y el salpicón, con su ajuelo,
¿no miras qué tufo da?

Comienza el vinillo nuevo
y échale la bendición:
yo tengo por devoción
de santiguar lo que bebo.

Franco fue, Inés, ese toque;
pero arrójame la bota;
vale un florín cada gota
deste vinillo aloque.

¿De qué taberna se trajo?
Mas ya: de la del cantillo;
diez y seis vale el cuartillo;
no tiene vino más bajo.

Por Nuestro Señor, que es mina
la taberna de Alcocer:
grande consuelo es tener
la taberna por vecina.

Si es o no invención moderna,
vive Dios, que no lo sé;
pero delicada fue
la invención de la taberna.

Porque allí llego sediento
pido vino de lo nuevo,
mídenlo, dánmelo, bebo,
págolo y voime contento.

Eso, Inés, ello se alaba;
no es menester alaballo;
sola una falta le hallo:
que con la priesa se acaba.

La ensalada y salpicón
hizo fin: ¿qué viene ahora?
La morcilla. ¡Oh, gran señora,
digna de veneración!

¡Qué oronda viene y qué bella!
¡Qué través y enjundias tiene!
Paréceme, Inés, que viene
para que demos en ella.

Pues, ¡sus!, encójase y entre,
que es algo estrecho el camino.
No eches agua, Inés, al vino,
no se escandalice el vientre.

Echa de lo trasaniejo,
porque con más gusto comas:
Dios te salve, que así tomas,
como sabia, mi consejo.

Mas di: ¿No adoras y precias
la morcilla ilustre y rica?
¡Cómo la traidora pica!
Tal debe tener especias.

¡Qué llena está de piñones!
Morcilla de cortesanos,
y asada por esas manos
hechas a cebar lechones.

¡Vive Dios, que se podía
poner al lado del Rey,
puerco, Inés, a toda ley,
que hinche tripa vacía!

El corazón me revienta
de placer. No sé de ti
cómo te va. Yo, por mí,
sospecho que estás contenta.

Alegre estoy, vive Dios.
Mas oye un punto sutil:
¿No pusiste allí un candil?
¿Cómo renacen dos?

Pero son preguntas viles:
ya sé lo que puede ser;
con este negro beber
se acrecientan los candiles.

Probemos lo del pichel.
¡Alto licor celestial!
No es el aloquillo tal,
ni tiene que ver con él.

¡Qué suavidad! ¡Qué clareza!
¡Qué rancio gusto y olor!
¡Qué paladar! ¡Qué color,
todo con tanta fineza!

Mas el queso sale a plaza,
la moradilla va entrando,
y ambos vienen preguntando
por el pichel y la taza.

Prueba el queso, que es extremo:
el de Pinto no le iguala;
pues la aceituna no es mala;
bien puede bogar su remo.

Pues haz, Inés, lo que sueles:
daca de la bota llena
seis tragos. Hecha es la cena;
levántense los manteles.

Ya que, Inés, hemos cenado
tan bien y con tanto gusto,
parece que será justo
volver al cuento pasado.

Pues sabrás, Inés hermana,
que el portugués cayó enfermo...
Las once dan; yo me duermo;
quédese para mañana.

**BALTASAR DEL ALCÁZAR**
(1530-1606)

*SIGLO DE ORO*

## *SU MODO DE VIVIR EN LA VEJEZ*

Deseáis, señor Sarmiento,
saber en estos mis años
sujetos a tantos daños
cómo me porto y sustento.

Yo os lo diré en brevedad,
porque la historia es bien breve,
y el daros gusto se os debe
con toda puntualidad.

Salido el sol por Oriente
de rayos acompañado,
me dan un huevo pasado
por agua, blando y caliente.

Con dos tragos del que suelo
llamar yo néctar divino,
y a quien otros llaman vino
porque nos vino del cielo.

Cuando el luminoso vaso
toca en la meridional,
distando por un igual
del Oriente y del ocaso,

me dan asada y cocida
de una gruesa y gentil ave,
con tres veces del suave
licor que alegra la vida.

Después en cayendo viene
a dar en el mar Hesperio,

desamparado el imperio
que en este horizonte tiene;

me suelen dar a comer
tostadas en vino muslo,
que el enflaquecido pulso
restituyen a su ser.

Luego me cierran la puerta;
yo me entrego al dulce sueño;
dormido soy de otro dueño,
no sé de mí nueva cierta.

Hasta que habiendo sol nuevo,
me cuentan cómo he dormido;
y así de nuevo les pido
que me den néctar y huevo.

Ser vieja la casa es esto,
veo que se va cayendo,
voile puntales poniendo
porque no caiga tan presto.

Mas todo es vano artificio;
presto me dicen mis males
que han de faltar los puntales
y allanarse el edificio.

BALTASAR DEL ALCÁZAR
(1530-1606)

*SIGLO DE ORO*

## *LA ARAUCANA*
(Fragmento)

«¿Qué furor es el vuestro, ¡oh araucanos!,
que a perdición os lleva sin sentillo?
¿Contra nuestras entrañas tenéis manos,
y no contra el tirano en resistillo?
Teniendo tan a golpe a los cristianos,
¿volvéis contra vosotros el cuchillo?
Si gana de morir os ha movido,
no sea en tan bajo estado y abatido.

Volved las armas y ánimo furioso
a los pechos de aquellos que os han puesto
en dura sujeción con afrentoso
partido, a todo el mundo manifiesto;
lanzad de vos el yugo vergonzoso;
mostrad vuestro valor y fuerza en esto:
no derraméis la sangre del estado,
que para redimir nos ha quedado...

En la virtud de vuestro brazo espero
que puede en breve tiempo remediarse;
mas ha de haber un capitán primero,
que todos por él quieran gobernarse;
éste será quien más un gran madero
sustentarse en el hombro sin pararse;
y pues que sois iguales en la suerte,
procure cada cual ser el más fuerte.»

ALONSO DE ERCILLA
(1533-1594)

## *POR LA VICTORIA DE LEPANTO*

Cantemos al Señor, que en la llanura
venció del ancho mar al Trace fiero;
tú, Dios de las batallas, tú eres diestra
salud y gloria nuestra.
Tú rompiste las fuerzas y la dura
frente de Faraón, feroz guerrero;
sus escogidos príncipes cubrieron
los abismos del mar, y descendieron,
cual piedra, en el profundo, y tu ira luego
los tragó, como arista seca el fuego.

El soberbio tirano, confiado
en el grande aparato de sus naves,
que de los nuestros la cerviz cautiva
y las manos aviva
al ministerio injusto de su estado,
derribó con los brazos suyos graves
los cedros más excelsos de la cima
y el árbol que más yerto se sublima,
bebiendo ajenas aguas y atrevido
pisando el bando nuestro y defendido.

Temblaron los pequeños, confundidos
del impío furor suyo; alzó la frente
contra ti, Señor Dios, y con semblante
y con pecho arrogante,
y los armados brazos extendidos
movió el airado cuello aquel potente;
cercó su corazón de ardiente saña
contras las dos Hesperias, que el mar baña,
porque en ti confiadas le resisten
y de armas de tu fe y amor se visten.

*SIGLO DE ORO*

    Dixo aquel insolente y desdeñoso:
«¿No conocen mis iras estas tierras,
y de mis padres los ilustres hechos,
o valieron sus pechos
contra ellos con el húngaro medroso,
y de Dalmacia y Rodas en las guerras?
¿Quién las pudo librar? ¿Quién de sus manos
pudo salvar los de Austria y los germanos?
¿Podrá su Dios, podrá por suerte ahora
guardallos de mi diestra vencedora?
    «Su Roma, temerosa y humillada,
los cánticos en lágrimas convierte;
ella y sus hijos tristes mi ira esperan
cuando vencidos mueran;
Francia está con discordia quebrantada,
y en España amenaza horrible muerte
quien honra de la luna las banderas;
y aquellas en la guerra gentes fieras
ocupadas están en su defensa,
y aunque no, ¿quién hacerme puede ofensa?
    »Los poderosos pueblos me obedecen,
y el cuello con su daño al yugo inclinan,
y me dan por salvarse ya la mano.
Y su valor es vano;
que sus luces cayendo se oscurecen,
sus fuentes a la muerte ya caminan,
sus vírgenes están en cautiverio,
su gloria ha vuelto al cetro de mi imperio.
Del Nilo a Eufrates fértil y Istro frío,
cuanto el sol alto mira todo es mío.»
    Tú, Señor, que no sufres que tu gloria
usurpe quien su fuerza osado estima,
prevaleciendo en vanidad y en ira,
este soberbio mira,

que tus aras afea en su vitoria.
No dexes que los tuyos así oprima,
y en su cuerpo, cruel, las fieras cebe,
y en su esparcida sangre el odio pruebe;
que hecho ya su oprobio, dice: «¿Dónde
el Dios de éstos está? ¿De quién se esconde?»

  Por la debida gloria de tu nombre,
por la justa venganza de tu gente,
por aquel de los míseros gemido,
vuelve el brazo tendido
contra este que aborrece ya ser hombre;
y las honras que celas tú consiente;
y tres y cuatro veces el castigo
esfuerza con rigor a tu enemigo,
y la injuria a tu nombre cometida
sea el hierro contrario de su vida.

  Levantó la cabeza el poderoso
que tanto odio tiene; en nuestro estrago
juntó el consejo, y contra nos pensaron
los que en él se hallaron.
«Venid, dixeron, y en el mar ondoso
hagamos de su sangre un grande lago;
deshagamos a estos de la gente,
y el nombre de su Cristo juntamente,
y dividiendo de ellos los despojos,
hártense en muerte suya nuestros ojos.»

  Vinieron de Asia y portentoso Egito
los árabes y leves africanos,
y los que Grecia junta mal con ellos,
con los erguidos cuellos,
con gran poder y número infinito;
y prometer osaron con sus manos
encender nuestros fines y dar muerte
a nuestra juventud con hierro fuerte,

nuestros niños prender y las doncellas,
y la gloria manchar y la luz dellas.

   Ocuparon del piélago los senos,
puesta en silencio y en temor la tierra,
y cesaron los nuestros valerosos,
y callaron dudosos,
hasta que al fiero ardor de sarracenos
el Señor eligiendo nueva guerra,
se opuso el joven de Austria generoso
con el claro español y belicoso;
que Dios no sufre ya en Babel cautiva
que su Sión querida siempre viva.

   Cual león a la presa apercibido,
sin recelo los impíos esperaban
a los que tú, señor, eras escudo;
que el corazón desnudo
de pavor, y de amor y fe vestido,
con celestial aliento confiaban.
Sus manos a la guerra compusiste,
y sus brazos fortísimos pusiste
como el arco acerado, y con la espada
vibraste en su favor la diestra armada.

   Turbáronse los grandes, los robustos
rindiéronse temblando y desmayaron;
y tú entregaste, Dios, como la rueda,
como la arista queda
al ímpetu del viento, a estos injustos,
que mil huyendo de uno se pasmaron.
Cual fuego abrasa selvas, cuya llama
en las espesas cumbres se derrama,
tal en tu ira y tempestad seguiste
y su faz de ignominia convertiste.

   Quebrantaste al cruel dragón, cortando
las alas de su cuerpo temerosas

y sus brazos terribles no vencidos;
que con hondos gemidos
se retira a su cueva, do silbando
tiembla con sus culebras venenosas,
lleno de miedo, torpe sus entrañas,
de tu león temiendo las hazañas;
que, saliendo de España, dió un rugido
que lo dexó asombrado y aturdido.
   Hoy se vieron los ojos humillados
del sublime varón y su grandeza,
y tú solo, Señor, fuiste exaltado;
que tu día es llegado,
señor de los ejércitos armados,
sobre la alta cerviz y su dureza,
sobre derechos cedros y extendidos,
sobre empinados montes y crecidos,
sobre torres y muros, y las naves
de Tiro, que a los tuyos fueron graves.
   Babilonia y Egito amedrentada
temerá el fuego y la asta violenta,
y el humo subirá a la luz del cielo,
y faltos de consuelo,
con rostro oscuro y soledad turbada
tus enemigos llorarán su afrenta.
Mas tú, Grecia, concorde a la esperanza
egicia y gloria de su confianza,
triste que a ella pareces, no temiendo
a Dios y a tu remedio no atendiendo.
   ¿Por qué, ingrata, tus hijas adornaste
en adulterio infame a una impía gente,
que deseaba profanar tus frutos,
y con ojos enjutos
sus odiosos pasos imitaste,
su aborrecida vida y mal presente?

*SIGLO DE ORO*

Dios vengará sus iras en tu muerte;
que llega a tu cerviz con diestra fuerte
la aguda espada suya; ¿quién, cuitada,
reprimirá su mano desatada?
  Mas tú, fuerza del mar, tú, excelsa Tiro,
que en tus naves estabas gloriosa,
y el término espantabas de la tierra,
y si hacías guerra,
de temor la cubrías con suspiro,
¿cómo acabaste, fiera y orgullosa?
¿Quién pensó a tu cabeza daño tanto?
Dios, para convertir tu gloria en llano
y derribar tus ínclitos y fuertes
te hizo perecer con tantas muertes.
  Llorad, naves del mar; que es destruida
vuestra vana soberbia y pensamiento.
¿Quién ya tendrá de ti lástima alguna,
tú, que sigues la luna,
Asia adúltera, en vicios sumergida?
¿Quién mostrará un liviano sentimiento?
¿Quién rogará por ti? Que a Dios enciende
tu ira y la arrogancia que te ofende,
y tus viejos delitos y mudanza
han vuelto contra ti a pedir venganza.
  Los que vieron tus brazos quebrantados
y de tus pinos ir el mar desnudo,
que sus ondas turbaron y llanura,
viendo tu muerte oscura,
dirán, de tus estragos espantados:
¿Quién contra la espantosa tanto pudo?
El Señor, que mostró su fuerte mano
por la fe de su príncipe cristiano
y por el nombre santo de su gloria,
a su España concede esta vitoria.

Bendita, Señor, sea tu grandeza;
que después de los daños padecidos,
después de nuestras culpas y castigo,
rompiste al enemigo
de la antigua soberbia la dureza.
Adórente, Señor, tus escogidos,
confiese cuanto cerca el ancho cielo
tu nombre, ¡oh nuestro Dios, nuestro consuelo!
Y la cerviz rebelde, condenada,
perezca en bravas llamas abrasada.

FERNANDO DE HERRERA
(1534-1597)

*SIGLO DE ORO*

## *POR LA PERDIDA DEL REY DON SEBASTIAN*

Voz de dolor y canto de gemido
y espíritu de miedo, envuelto en ira,
hagan principio acerbo a la memoria
de aquel día fatal, aborrecido,
que Lusitania mísera suspira,
desnuda de valor, falta de gloria;
y la llorosa historia
asombre con horror funesto y triste
dende el áfrico Atlante y seno ardiente
hasta do el mar de otro color se viste,
y do el límite rojo de Oriente
y todas sus vencidas gentes fieras
ven tremolar de Cristo las banderas.
 ¡Ay de los que pasaron, confiados
en sus caballos y en la muchedumbre
de sus carros, en ti, Libia desierta,
y en su vigor y fuerzas engañados,
no alzaron su esperanza a aquella cumbre
de eterna luz, mas con soberbia cierta
se ofrecieron la incierta
victoria, y sin volver a Dios sus ojos,
con yerto cuello y corazón ufano
sólo atendieron siempre a los despojos!
Y el Santo de Israel abrió su mano,
 y los dexó, y cayó en despeñadero
el carro, y el caballo y caballero.
 Vino el día cruel, el día lleno
de indinación, de ira y furor, que puso
en soledad y en un profundo llanto,
de gente y de placer el reino ajeno.
El cielo no alumbró, quedó confuso

el nuevo sol, presagio de mal tanto,
y con terrible espanto
el Señor visitó sobre sus males,
para humillar los fuertes arrogantes,
y levantó los bárbaros no iguales,
que con osados pechos y constantes
no busquen oro, mas con hierro airado
la ofensa venguen y el error culpado.

   Los impíos y robustos, indinados,
las ardientes espadas desnudaron
sobre la claridad y hermosura
de tu gloria y valor, y no cansados
en tu muerte, tu honor todo afearon,
mezquina Lusitania sin ventura;
y con frente segura
rompieron sin temor con fiero estrago
tus armadas escuadras y braveza.
La arena se tornó sangriento lago,
la llanura con muertos, aspereza;
cayó en unos vigor, cayó denuedo;
mas en otros desmayo y torpe miedo.
¿Son éstos por ventura los famosos,
los fuertes, los belígeros varones
que conturbaron con furor la tierra,
que sacudieron reinos poderosos;
que domaron las hórridas naciones,
que pusieron desierto en cruda guerra
cuanto el mar Indo encierra,
y soberbias ciudades destruyeron?
¿Dó el corazón seguro y la osadía?
¿Cómo así se acabaron, y perdieron
tanto heroico valor en sólo un día;
y lejos de su patria derribados,
no fueron justamente sepultados?

Tales ya fueron éstos cual hermoso
cedro del alto Líbano, vestido
de ramos, hojas, con excelsa alteza;
las aguas lo criaron poderoso
sobre empinados árboles crecido,
y se multiplicaron en grandeza
sus ramos con belleza;
y extendiendo su sombra, se anidaron
las aves que sustenta el grande cielo,
y en sus hojas la fieras engendraron,
y hizo a mucha gente umbroso velo;
no igual en celsitud y en hermosura
jamás árbol alguno a su figura.
   Pero elevóse con su verde cima,
y sublimó la presunción su pecho,
desvanecido todo y confiado,
haciendo de su alteza sólo estima.
Por eso Dios lo derribó deshecho,
a los impíos y ajenos entregado,
por la raíz cortado;
que opreso de los montes arrojados,
sin ramos y sin hojas y desnudo,
huyeron dél los hombres, espantados,
que su sombra tuvieron por escudo;
en su ruina y ramos cuantas fueron
las aves y las fieras se pusieron.
   Tú, infanda Libia, en cuya seca arena
murió el vencido reino lusitano,
y se acabó su generosa gloria,
no estés alegre y de ufanía llena;
porque tu temerosa y flaca mano
hubo sin esperanza tal vitoria,
indina de memoria;
que si el justo dolor mueve a venganza

alguna vez el español coraje,
despedazada con aguda lanza,
compensarás muriendo el hecho ultraje;
y Luco amedrentado, al mar inmenso
pagará de africana sangre el censo.

FERNANDO DE HERRERA<br>(1534-1597)

## *SONETO*

Rojo sol, que con hacha luminosa
coloras el purpúreo y alto cielo,
¿hallaste tal belleza en todo el suelo
que iguale a mi serena luz dichosa?
Aura suave, blanda y amorosa
que nos halagas con tu fresco vuelo,
cuando el oro descubre y rico velo
mi luz, ¿trenza tocaste más hermosa?
Luna, honor de la noche, ilustre coro
de los errantes astros y fijados,
¿consideraste tales dos estrellas?
Sol puro, aura, luna, luces de oro,
¿oisteis mis dolores nunca usados?
¿Visteis luz más ingrata a mis querellas?

FERNANDO DE HERRERA<br>(1534—1597)

*SIGLO DE ORO*

## *QUE MUERO PORQUE NO MUERO*

Vivo sin vivir en mí,
y de tal manera espero
que muero porque no muero.

En mí yo no vivo ya,
y sin Dios vivir no puedo;
pues sin él y sin mí quedo,
este vivir, ¿qué será?
Mil muertes se me hará,
pues mi misma vida espero,
muriendo porque no muero.

Esta vida que yo vivo
es privación de vivir;
y así, es continuo morir
hasta que viva contigo;
oye, mi Dios, lo que digo:
que esta vida no la quiero,
que muero porque no muero.

Estando absente de ti,
¿qué vida puedo tener
sino muerte padescer,
la mayor que nunca vi?
Lástima tengo de mí,
pues de suerte persevero
que muero porque no muero.

El pez que del agua sale
aun de alivio no caresce,
que en la muerte que padesce
al fin la muerte le vale.

¿Qué muerte habrá que se iguale
a mi vivir lastimero,
pues si más vivo, más muero?

Cuando me pienso aliviar
de verte en el Sacramento,
háceme más sentimiento
el no te poder gozar;
todo es para más penar,
por no verte como quiero,
y muero porque no muero.

Y si me gozo, Señor,
con esperanza de verte,
en ver que puedo perderte
se me dobla mi dolor;
viviendo en tanto pavor,
y esperando como espero,
muérome porque no muero.

Sácame de aquesta muerte,
mi Dios, y dame la vida;
no me tengas impedida
en este lazo tan fuerte;
mira que peno por verte,
y mi mal es tan entero
que muero porque no muero.

Lloraré mi muerte ya,
y lamentaré mi vida
en tanto que detenida
por mis pecados está.

¡Oh mi Dios! ¿Cuándo será
cuando yo diga de vero:
vivo ya porque no muero?

SAN JUAN DE LA CRUZ<br>(1542-1591)


## COPLAS A LO DIVINO

*Tras de un amoroso lance,*
*y no de esperanza falto,*
*volé tan alto, tan alto,*
*que le di a la caza alcance.*

Para que yo alcance diese
a aqueste lance divino,
tanto volar me convino,
que de vista me perdiese;
y con todo, en este trance,
en el vuelo quedé falto;
mas el amor fue tan alto
*que le di a la caza alcance.*

Cuando más alto subía
deslumbróseme la vista,
y la más fuerte conquista
en oscuro se hacía;
mas por ser de amor el lance,
di un ciego y oscuro salto,
y fui tan alto, tan alto,
*que le di a la caza alcance.*

Cuando más alto llegaba
de este lance tan subido,
tanto más bajo y rendido
y abatido me hallaba.
Dije: ¡No habrá quien alcance!
Y abatíme tanto, tanto,
que fui tan alto, tan alto,
*que le di a la caza alcance.*

Por una extraña manera
mil vuelos pasé de un vuelo,
porque esperanza de cielo
tanto alcanza cuanto espera;
y esperé sólo este lance,
y en esperar sólo este lance,
y en esperar no fui falto,
pues fui tan alto, tan alto,
*que le di a la caza alcance.*

San Juan de la Cruz
(1542-1591)

## *CANCIONES DEL ALMA*

En una noche oscura
con ansias en amores inflamada,
¡oh dichosa ventura!,
salí sin ser notada,
estando ya mi casa sosegada.

*SIGLO DE ORO*

A oscuras y segura
por la secreta escala, disfrazada,
¡oh dichosa ventura!,
a oscuras, y en celada,
estando ya mi casa sosegada.

En la noche dichosa,
en secreto, que nadie me veía
ni yo miraba cosa,
sin otra luz ni guía,
sino la que en el corazón ardía.

Aquesta me guiaba
más cierto que la luz del mediodía,
adonde me esperaba
quien yo bien me sabía,
en parte donde nadie parecía.

¡Oh noche que guiaste,
oh noche amable más que el alborada,
oh noche, que juntaste
Amado con amada,
amada en el Amado transformada!

En mi pecho florido
que entero para él solo se guardaba,
allí quedó dormido,
y yo le regalaba,
y el ventalle de cedros aire daba.

El aire de la almena,
cuando ya sus cabellos esparcía,
con su mano serena,
en mi cuello hería

y todos mis sentidos suspendía.

Quedéme y olvidéme,
el rostro recliné sobre el Amado,
casó todo, y dejéme,
dejando mi cuidado
entre las azucenas olvidado.

SAN JUAN DE LA CRUZ<br>(1542-1591)

## CANCION

¡Oh ansias de mi pasión;
dolores que en venir juntos
habéis quebrado los puntos
de mi triste corazón!

Con dos prisiones nos ata
el amor cuando se enciende:
hermosura es la que prende,
y la gracia es la que mata.

Ya mi alma está en pasión;
los miembros tengo difuntos
en ver dos contrarios juntos
contra un triste corazón.

ANTONIO DE VILLEGAS<br>(?-1550)

## CANZONETA

Aquel si viene o no viene,
aquel si sale o no sale,
en los amores no tiene
contento que se le iguale.

Aquel pensar que es amado
el amante y venturoso
y tenerse por dudoso
de verse bien empleado
si con esto se mantiene
y que el seso no resbale,
en los amores no tiene
contento que se le iguale.

Aquel mirarse de día
ella a él y él a ella,
y esperar la noche bella
y hablarle como solía:
aquel cuando se detiene
aguardando quien le vale,
en los amores no tiene
contento que se le iguale.

Aquel pensar si me ha oído,
si me ha visto por ventura,
si llegó la hora y postura
que se había constituido;
si en esperanza se aviene
y el amor con esto sale,
todito el mundo no tiene
contento que se le iguale.

Aquellas señas que espere
que le señale la dama,
aquel ¡ce! con que le llama,
aquel decir que el quiere,
aquel sí cuando conviene
en cosa que poco vale,
en los amores no tiene
contento que se le iguale.

JUAN DE TIMONEDA<br>(+ 1583)

## *CANCION PASTORIL*

En el campo venturoso,
donde con clara corriente
Guadalaviar hermoso
dejando el suelo abundoso
da tributo al mar potente;
 Galatea, desdeñosa
del dolor que a Licio daña,
iba alegre y buliciosa
por la ribera arenosa
que el mar con sus ondas baña,
 entre la arena cogiendo
conchas y piedras pintadas,
muchos cantares diciendo
con el son del ronco estruendo
de las ondas alteradas;

Junto al agua se ponía,
y las ondas aguardaba,
y en verlas llegar huía;
pero a veces no podía
y el blanco pie se mojaba.

Licio, al cual en sufrimiento
amador ninguno iguala,
suspendió allí su tormento
mientras miraba el contento
de su pulida zagala.

Mas cotejando su mal
con el gozo que ella había
el fatigado zagal
con voz amarga decía:

Ninfa hermosa, no te vea
jugar con el mar horrendo;
y aunque más placer te sea,
huye del mar, Galatea,
como estás de Licio huyendo.

Deja ahora de jugar,
que me es dolor importuno:
no me hagas más penar,
que en verte cerca del mar
tengo celos de Neptuno.

Causa mi triste cuidado
que a mi pensamiento crea:
porque ya está averiguado
que si no es tu enamorado
lo será cuando te vea.

Y está cierto, porque amor
sabe desde que me hirió,
que para pena mayor
me falta un competidor
más poderoso que yo.

Deja la seca ribera,
do está el alga infructuosa:
guarda que no salga afuera
alguna marina fiera
enroscada y escamosa.
   Huye ya, y mira que siento
por ti dolores sobrados;
porque con doble tormento
celos me da tu contento
y tu peligro cuidados.
   En verte regocijada
celos me hacen acordar
de Europa, ninfa preciada,
del toro blanco engañada
en la ribera del mar.
   Y el ordinario cuidado
hace que piense continuo
de aquel desdeñoso alnado,
orilla el mar arrastrado,
visto aquel monstruo marino.
   Mas no veo en ti temor
de congoja y pena tanta;
que bien sé por mi dolor
que a quien no teme al amor
ningún peligro le espanta.
   Guarte, pues, de un gran cuidado:
que el vengativo Cupido
viéndose menospreciado,
lo que no hace de grado,
suele hacerlo de ofendido.
   Ven conmigo al bosque ameno,
y al apacible sombrío
de olorosas flores lleno,
do en el día más sereno

No escuches dulces concentos,
sino el espantoso estruendo
con que los bravosos vientos
con soberbios movimientos
van las aguas revolviendo.

Y tras la fortuna fiera
son las vistas más suaves
ver llegar a la ribera
la destrozada madera
de las anegadas naves.

Ven a la dulce floresta,
do natura no fué escasa:
donde haciendo alegre fiesta
la más calurosa siesta
con más deleite se pasa.

Huye los soberbios mares;
ven, verás cómo cantamos
tan deliciosos cantares
que los más duros pesares
suspendemos y engañamos;

y aunque quien pasa dolores,
amor le fuerza a cantarlos,
yo haré que los pastores
no es enojoso el Estío.

Si el agua te es placentera,
hay allí fuente tan bella,
que para ser la primera
entre todas, sólo espera
que tú te laves en ella.

En aquste raso suelo
a guardar tu hermosa cara
no basta sombrero o velo;
que estando al abierto cielo
el sol morena te para.

no digan cantos de amores,
porque huelgues de escucharlos.
 Allí, por bosques y prados,
podrás leer a todas horas,
en mil robles señalados
los nombres más celebrados
de las ninfas y pastoras.
 Mas sérate cosa triste
ver tu nombre allí pintado,
en saber que escrita fuieste
por el que siempre tuviste
de tu memoria borrado.
 Y aunque mucho estés airada,
no creo yo que te asombre
tanto el verte allí pintada,
como el ver que eres amada
del que allí escribió tu nombre.
 No ser querida y amar
fuera triste desplacer;
mas ¿qué tormento o pesar
te puede, Ninfa, causar
ser querida y no querer?
 Mas desprecia cuanto quieras
a tu pastor, Galatea;
sólo que en estas riberas
cerca de las ondas fieras
con mis ojos no te vea.
 ¿Qué pasatiempo mejor
orilla el mar puede hallarse
que escuchar el ruiseñor,
coger la olorosa flor
y en clara fuente lavarse?
 Pluguiera a Dios que gozaras
de nuestro campo y ribera,

*SIGLO DE ORO*

y porque más lo preciaras,
ojalá tú lo probaras,
antes que yo lo dijera.
  Porque cuanto alabo aquí
de su crédito lo quito;
pues el contentarme a mí
bastará para que a ti
no te venga en apetito.
  Licio mucho más le hablara,
y tenía más que hablalle,
si ella no se lo estorbara,
que con desdeñosa cara
al triste dice que calle.

GASPAR GIL POLO
(+ 1591)

## CONTRA UN POETA (HERRERA) QUE USABA MUCHO DE ESTAS VOCES EN SUS POESIAS

    Esplendores, celajes, rigoroso,
selvaje, llama, líquido, candores,
vagueza, faz, purpúrea, Cintia, ardores,
otra vez esplendores, caloroso;
    ufanía, apacible, numeroso,
luengo, osadía, afán, verdor, errores,
otra y quinientas veces esplendores;
más esplendores, crespo, glorioso;
    cercos, ásperos, albos, encrespado,
esparcir, espirar, lustre, fatales,
cambiar, y de esplendor otro poquito;
    luces, ebúrneo, nítido, asombrado,
orna, colora, joven, celestiales...
Esto quitado, cierto que es bonito.

                            LUIS BARAHONA DE SOTO
                                  (1548-1595)

*SIGLO DE ORO*

## *CANCION*

*Soy garridica*
*y vivo penada*
*por ser mal casada.*

Yo soy, no repuno,
hermosa sin cuento,
amada de uno,
querida de ciento.
No tengo contento
ni valgo ya nada
*por ser mal casada.*

Con estos cabellos
de bel parecer
haría con ellos
los hombres perder.
Quien los puede haber
no los tiene en nada
*por ser mal casada.*

JUAN TIMONEDA
(?-1583)

## *AL TUMULO DEL REY*
## *FELIPE II EN SEVILLA*

«Voto a Dios que me espanta esta grandeza
y que diera un doblón por describilla;
porque ¿a quién no sorprende y maravilla
esta máquina insigne, esta riqueza?

Por Jesucristo vivo, cada pieza
vale más de un millón, y que es mancilla
que esto no dure un siglo, ¡oh gran Sevilla!
Roma triunfante en ánimo y nobleza.

Apostaré que el ánima del muerto
por gozar este sitio hoy ha dejado
la gloria donde vive eternamente.»

Esto oyó un valentón, y dijo: «Es cierto
cuanto dice voacé, señor soldado.
Y el que dijera lo contrario, miente.»

Y luego, incontinente,
caló el chapeo, requirió la espada,
miró al soslayo, fuese, y no hubo nada.

MIGUEL DE CERVANTES<br>(1547-1616)

## *VIAJE AL PARNASO*

Yo corté con mi ingenio aquel vestido
con que al mundo la hermosa *Galatea*
salió para librarse del olvido.

Soy por quien *La Confusa* nada fea
pareció en los teatros admirable,
si esto a su fama es justo se la crea.

Yo, con estilo en parte razonable,

*SIGLO DE ORO*

he compuesto *Comedias* que en su tiempo
tuvieron de lo grave y de lo afable.

Yo he dado en *Don Quijote* pasatiempo
al pecho melancólico y mohíno
en cualquier sazón, en todo tiempo.

Yo he abierto en mis *Novelas* un camino
por do la lengua castellana puede
mostrar con propiedad un desatino.

Yo soy aquel que en la invención excede
a muchos, y al que falta en esta parte,
es fuerza que su fama falta quede.

Desde mis tiernos años amé el arte
dulce de la agradable poesía,
y en ella procuré siempre agradarte.

Nunca voló la pluma humilde mía
por la región satírica, bajeza
que a infames premios y desgracias guía.

Yo el soneto compuse que así empieza,
por honra principal de mis escritos:
*Voto a Dios que me espanta esta grandeza.*

Yo he compuesto romances infinitos,
y el de *Los celos* es aquel que estimo,
entre otros que los tengo por malditos.

MIGUEL DE CERVANTES
(1547-1616)

## OVILLEJOS

¿Quién menoscaba mis bienes?
      ¡Desdenes!
¿Y quién aumenta mis duelos?
      ¡Los celos!
¿Y quién prueba mi paciencia?
      ¡Ausencia!
De ese modo en mi dolencia
ningún remedio me alcanza,
pues me matan la esperanza,
desdenes, celos y ausencia.


¿Quién me causa este dolor?
      ¡Amor!
¿Y quién mi gloria repuna?
      ¡Fortuna!
¿Y quién consiente mi duelo?
      ¡El cielo!
De ese modo yo recelo
morir deste mal extraño,
pues se aunan en mi daño
amor, fortuna y el cielo.


¿Quién mejorará mi suerte?
      ¡La muerte!
Y el bien de amor, ¿quién le alcanza?
      ¡Mudanza!
Y sus males, ¿quién los cura?
      ¡Locura!
De ese modo no es cordura

querer curar la pasión,
cuando los remedios son
muerte, mudanza y locura.

MIGUEL DE CERVANTES
(1547-1616)

## *ROMANCE DE UN ALMA QUE DESEA EL PERDON*

Yo me iba ¡ay Dios mio!
a Ciudad Reale;
*errara el camino*
*en fuerte lugare.*

Salí zagaleja
de en cas de mi madre,
en la edad pequeña
y en la dicha grande;
un galán hermoso
me topó en la calle,
y el cabello en grenchas
pude enamorarle;
por ser él quien era
gustó de criarme,
porque yo de mío
no diz que era nadie.

Llevóme a su casa,
hizo que me laven
con agua de rostros,
que hermosos hacen.

Dióme ropa limpia,
quedé como un ángel,
y tal gracia tuve,
que pude agradarle.

De palmilla verde
me hiciera un briale,
paño de esperanza,
que gran precio vale.

Dióme unos corpiños
de grana flamante,
porque en amor suyo
con ellos me inflame.

De fe unos zarzillos
porque se la guarde,
y en fe de su amor,
patena y corales.

De oro una sortija,
y otra de azabache,
de amor y temor,
porque tema y ame.

Las jervillas justas,
porque justo calce,
porque en buenos pasos
y con gracia ande.

Hizo que a su lado
con él me asentase,
para que a su mesa
comiese y cenase.

*SIGLO DE ORO*

Hizo que me sirvan
sus mismos manjares,
su plato y su copa,
su vino y su pane.

El mejor bocado
tal vez vi quitarse
de su misma boca
para regalarme;

tal vez, ¡ay Dios mio!,
le vi, por amarme,
quedarse clavado,
y muerto quedarse.

Abrióme su pecho,
donde me asomase
al corazón suyo,
adonde me atrae.

Dejóme un custodio
que me vele y guarde,
y me lleve en palmas
hasta Ciudad Reale.

Por pecados míos,
que deben ser graves,
*yo errara el camino
en fuerte lugare...*

Pienso, ausente hermoso,
si no es que me engañe,
que de nuevo el pecho
mi dolor os abre.

179

Galán de mi alma,
mi Dios, perdonadme,
porque en vuestro nombre,
mi Jesús, me salve.

Llevadme con vos
hasta Ciudad Reale:
*que errara yo el camino
en fuerte lugare.*

JUAN LÓPEZ DE UBEDA
(hacia 1596)

## REDONDILLAS

*Siempre alcanza lo que quiere
con damas el atrevido,
y el que no es entrometido
de necio y cobarde muere.*

La honestidad en las damas
es un velo que les fuerza,
cuando Amor tiene más fuerza,
a no descubrir sus llamas.
Por eso el que las sirviere
gánese por atrevido:
*que el que no es entremetido
de necio y cobarde muere.*

Mil ocasiones hallamos
con las damas que queremos
y cuando más las tenemos
de cortos no las gozamos.

Pues mire el que amor tuviere
que en el bando de Cupido
*el que no es entremetido
de necio y cobarde muere.*

VICENTE ESPINEL
(1550-1624)


*LETRILLA*


Contentamientos pasados,
¿qué queréis?
Dejadme, no me canséis.
Contentos, cuya memoria
a cruel muerte condena,
idos de mí en horabuena,
y pues que no me dais gloria
no vengáis a darme pena.
Ya están los tiempos trocados,
mi bien llevóselo el viento,
no me deis ya más cuidados,
que son para más tormento
*contentamientos pasados.*
No me os mostréis lisonjeros,
que no habéis de ser creídos,
ni me amenacéis con fieros,
porque el temor de perderos

le perdí en siendo perdidos,
y si acaso pretendéis
cumplir vuestra voluntad
con mi muerte, bien podréis
matarme; y si no, mirad,
*¡qué queréis!*
 Si dar disgusto y desdén
es vuestro propio caudal,
sabed que he quedado tal
que aun no me ha dejado el bien
de suerte que sienta el mal;
mas con todo, pues me habéis
dejado y estoy sin vos,
¡paso!, ¡no me atormentéis!
Contentos, idos con Dios,
*dejadme, no me canséis.*

VICENTE ESPINEL
(1550-1624)

*SIGLO DE ORO*

## *SONETO*

*A una muger que se
afeitaba y estaba hermosa.*

Yo os quiero confesar, don Juan, primero:
que aquel blanco y color de doña Elvira
no tiene de ella más, si bien se mira,
que el haberle costado su dinero,

Pero tras esto confesaros quiero
que es tanta la beldad de su mentira
que en vano a competir con ella aspira
belleza igual de rostro verdadero.

Mas, ¿qué mucho que yo perdido ande
por un engaño tal, pues que sabemos
que nos engaña así Naturaleza?

Porque ese cielo azul que todos vemos
ni es cielo ni es azul: ¡Lástima grande
que no sea verdad tanta belleza!

LUPERCIO L. DE ARGENSOLA
(1559-1613)

## LA VIDA EN EL CAMPO

Llevó tras de sí los pámpanos otubre,
y con las grandes lluvias insolente,
no sufre Ibero márgenes ni puente,
mas antes los vecinos campos cubre.
  Moncayo, como suele, ya descubre
coronada de nieve la alta frente;
y el sol apenas vemos en Oriente,
cuando la opaca tierra nos los encubre.
  Sienten el mar y selvas ya la saña
del Aquilón, y encierra su bramido
gente en el puerto y gente en la cabaña
  Y Fabio, en el umbral de Tais tendido,
con vergonzosas lágrimas lo baña,
debiéndose al tiempo que ha perdido.

LUPERCIO LEONARDO DE Argensola
(1550-1613)

*SIGLO DE ORO*

## *LETRILLA BURLESCA*

*Andeme yo caliente
   y ríase la gente.*

Traten otros del gobierno
del mundo y sus monarquías,
mientras gobiernen mis días
mantequillas y pan tierno,
y las mañanas de invierno
naranjada y aguardiente,
   *y ríase la gente.*

Coma en dorada vajilla
el Príncipe mil cuidados,
como píldoras dorados;
que yo en mi pobre mesilla
quiero más una morcilla
que en el asador reviente,
   *y ríase la gente.*

Cuando cubra las montañas
de blanca nieve el enero,
tenga yo lleno el brasero
de bellotas y castañas,
y quien las dulces patrañas
del rey que rabió me cuente,
   *y ríase la gente.*

Busque muy en hora buena
el mercader nuevos soles;
yo conchas y caracoles
entre la menuda arena,

escuchando a Filomena
sobre el chopo de la fuente,
*y ríase la gente.*

Pase a media noche el mar,
y arda en amorosa llama,
Leandro por ver su dama;
que yo más quiero pasar
del golfo de mi lagar
la blanca o roja corriente,
*y ríase la gente.*

Pues Amor es tan cruel
que de Píramo y su amada
hace tálamo una espada,
do se juntan ella y él,
sea mi Tisbe un pastel
y la espada sea mi diente,
*y ríase la gente.*

LUIS DE GÓNGORA
(1561-1627)

## *ROMANCE AMOROSO*

Servía en Orán al Rey
un español con dos lanzas,
y con el alma y la vida
a una gallarda africana,
tan noble como hermosa,
tan amante como amada,
con quien estaba una noche,
cuando tocaron al arma.

## SIGLO DE ORO

Trescientos zenetes eran
de este rebato la causa,
que los rayos de la luna
descubrieron sus adargas;
las adargas avisaron
a las mudas atalayas,
las atalayas los fuegos,
los fuegos a las campanas;
y ellas al enamorado,
que en los brazos de su dama
oyó el militar estruendo
de las trompas y las cajas.
Espuelas de honor le pican
y freno de amor le para;
no salir es cobardía,
ingratitud es dejalla.
Del cuello pendiente ella
viéndole tomar la espada,
con lágrimas y suspiros
le dice aquestas palabras:
«Salid al campo, señor,
bañen mis ojos la cama;
que ella me será también,
sin vos, campo de batalla.
Vestíos y salid apriesa,
que el General os aguarda;
yo os hago a vos mucha sobra
y vos a él mucha falta.
Bien podéis salir desnudo,
pues mi llanto no os ablanda;
que tenéis de acero el pecho
y no habéis menester armas.»
Viendo el español brioso
cuánto le detiene y habla,

le dice así: «Mi señora,
tan dulce como enojada,
porque con honra y amor
yo me quede, cumpla y vaya,
vaya a los moros el cuerpo,
y quede con vos el alma.
Concededme, dueño mío,
licencia para que salga
al rebato en vuestro nombre,
y en vuestro nombre combata.»

LUIS DE GÓNGORA
(1561-1627)

## *ROMANCE BURLESCO*

Hermana Marica,
mañana, que es fiesta,
no irás tú a la amiga
ni iré yo a la escuela.
Pondráste el corpiño
y la saya buena,
cabezón labrado,
toca y albanega;
   y a mí me pondrán
mi camisa nueva,
sayo de palmilla,
media de estameña;
   y si hace bueno
trairé la montera
que me dio la Pascua
mi señora abuela,
   y el estadal rojo

con lo que le cuelga,
que trajo el vecino
cuando fue a la fiesta.

Iremos a misa,
veremos la iglesia;
darános un cuarto
mi tía la ollera.
Compraremos de él
(que nadie lo sepa)
chochos y garbanzos
para la merienda
  y en la tardecica,
en nuestra plazuela
jugaré yo al toro
y tú a las muñecas
  con las dos hermanas
Juana y Madalena
y las dos primillas
Marica y la tuerta;
  y si quiere madre
dar las castañetas,
podrás tanto de ello
bailar a la puerta;
  y al son del adufe
cantará Andrehuela:
«no me aprovecharon
madre, las hierbas»;
  y yo de papel
haré una librea
teñida de moras
porque bien parezca,
  y una caperuza
con muchas almenas;

pondré por penacho
las dos plumas negras
  del rabo del gallo,
que acullá en la huerta
anaranjeamos
las Carnestolendas;

  y en la caña larga
pondré una bandera
con dos borlas blancas
en sus trenzaderas;

  y en mi caballito
pondré una cabeza
de guadamecí,
dos hilos por riendas;

  y entraré en la calle
haciendo corvetas
yo, y otros del barrio,
que son más de treinta.

  Jugaremos cañas
junto a la plazuela
porque Barbodilla
salga acá y nos vea;

Barbola, la hija
de la panadera,
la que suele darme
tortas con manteca,

  porque algunas veces
hacemos yo y ella
las bellaquerías
detrás de la puerta.

LUIS DE GÓNGORA
(1561-1627)

## *ANGELICA Y MEDORO*

En un pastoral albergue
que la guerra entre unos robles
lo dexó por escondido
o lo perdonó por pobre,
  do la paz viste pellico
y conduce entre pastores
ovejas del monte al llano
y cabras del llano al monte,
  mal herido y bien curado,
se alberga un dichoso joven,
que sin clavarle Amor flecha
le coronó de favores.
  Las venas con poca sangre,
los ojos con mucha noche,
lo halló en el campo aquella
vida y muerte de los hombres.
  Del palafrén se derriba,
no porque al moro conoce,
sino por ver que la yerba
tanta sangre paga en flores.
  Límpiale el rostro, y la mano
siente al Amor que se esconde
tras las rosas, que la muerte
va violando sus colores.
  Escondióse tras las rosas,
porque labren sus arpones
el diamante del Catay
con aquella sangre noble.
  Ya le regala los ojos,
ya le entra, sin ver por dónde,
una piedad mal nacida

entre dulces escorpiones.

Ya es herido el pedernal,
ya despide el primer golpe
centellas de agua, ¡oh piedad,
hija de padres traidores!

Yerbas le aplica a sus llagas,
que si no sanan entonces
en virtud de tales manos
lisonjean los dolores.

Amor le ofrece su venda,
mas ella sus velos rompe
para ligar sus heridas;
los rayos del sol perdonen.

Los últimos nudos daba
cuando el cielo la socorre
de un villano en una yegua
que iba penetrando el bosque.

Enfrénale de la bella
las tristes piadosas voces,
que los firmes troncos mueven
y las sordas piedras oyen;

y la que mejor se halla
en las selvas que en la corte,
simple bondad, al pío ruego
cortésmente corresponde.

Humilde se apea el villano
y sobre la yegua pone
un cuerpo con poca sangre,
pero con dos corazones.

A su cabaña los guía;
que el sol deja su horizonte
y el humo de su cabaña
le va sirviendo de norte.

Llegaron temprano a ella,

do una labradora acoge
un mal vivo con dos almas,
una ciega con dos soles.
   Blando heno en vez de pluma
para lecho les compone,
que será tálamo luego
do el garzón sus dichas logre.
   Las manos, pues, cuyos dedos
desta vida fueron dioses,
restituyen a Medoro
salud nueva, fuerzas dobles,
   y le entregan, cuando menos
su beldad y un reino en dote,
segunda envidia de Marte,
primera dicha de Adonis.
   Corona un lascivo enjambre
de cupidillos menores
la choza, bien como abejas
hueco tronco de alcornoque.
   ¡Qué de nudos le está dando
a un áspid la envidia torpe,
contando de las palomas
los arrullos gemidores!
   ¡Qué bien la destierra Amor,
haciendo la cuerda azote,
porque el caso no se infame
y el lugar no se inficione!
   Todo es gala el africano,
su vestido espira olores,
el lunado arco suspende
y el corvo alfange depone.
   Tórtolas enamoradas
son sus roncos atambores,
y los volantes de Venus

sus bien seguidos pendones.
  Desnuda el pecho anda ella,
vuela el cabello sin orden;
si lo abrocha, es con claveles,
con jazmines si le coge.
  El pie calza en lazos de oro,
porque la nieve se goce,
y no se vaya por pies
la hermosura del orbe.
  Todo sirve a los amantes,
plumas les baten veloces,
airecillos lisonjeros,
si no son murmuradores.
  Los campos les dan alfombras,
los árboles pabellones,
la apacible fuente sueño,
música los ruiseñores.
  Los troncos les dan cortezas,
en que se guarden sus nombres
mejor que en tablas de mármol
o que en láminas de bronce.
  No hay verde fresno sin letra,
ni blanco chopo sin mote;
si un valle *Angélica* suena,
otro *Angélica* responde.
  Cuevas do el silencio apenas
deja que sombras las moren,
profanan con sus abrazos
a pesar de sus horrores.
  Choza pues, tálamo y lecho,
contestes destos amores,
el cielo os guarde, si puede,
de las locuras del Conde.

*SIGLO DE ORO*

## *SONETO AMOROSO*

*De un caminante enfermo que
se enamoró donde fue hospedado*

Descaminado, enfermo, peregrino,
en tenebrosa noche, con pie incierto
la confusión pisando del desierto,
voces en vano dio, pasos sin tino.

Repetido latir, si no vecino,
distinto, oyó de can siempre despierto,
y en pastoral albergue mal cubierto,
piedad halló, si no halló camino.

Salió el Sol, y entre armiños escondida,
soñolienta beldad con dulce saña
salteó al no bien sano pasajero.

Pagará el hospedaje con la vida;
más le valiera errar en la montaña
que morir de la suerte que yo muero.

LUIS DE GÓNGORA
(1561-1627)

## *LA MAS BELLA NIÑA*

La más bella niña
de nuestro lugar,
hoy viuda y sola
y ayer por casar,
viendo que sus ojos

a la guerra van,
a su madre dice
que escucha su mal:
*Dexadme llorar,*
*orillas del mar.*

Pues me diste, madre,
en tan tierna edad
tan corto el placer,
tan largo el penar,
y me cautivaste
de quien hoy se va
y lleva las llaves
de mi libertad.
*Dexadme llorar,*
*orillas del mar.*

En llorar conviertan
mis ojos de hoy más
el sabroso oficio
del dulce mirar,
pues que no se pueden
mejor ocupar
yéndose a la guerra
quien era mi paz.
*Dexadme llorar,*
*orillas del mar.*

No me pongáis freno
ni queráis culpar,
que lo uno es justo,
lo otro por demás.
Si me queréis bien
no me hagáis mal;

harto peor fue
morir y callar.
*Dexadme llorar,*
*orillas del mar.*

Dulce madre mía,
¿quién no llorará,
aunque tenga el pecho
como un pedernal,
y no dará voces
viendo marchitar
los más verdes años
de mi mocedad?
*Dexadme llorar,*
*orillas del mar.*

Váyanse las noches,
pues ido se han
los ojos que hacían
los míos velar;
váyanse, y no vean
tanta soledad
después que en mi lecho
sobra la mitad.
*Dexadme llorar,*
*orillas del mar.*

LUIS DE GÓNGORA
(1561-1627)

## DULCE CONGOJA

Halló trabados en venéreo duelo
a Marte y a Venus una vez Cupido,
y a Marte bien armado encima vido
y a su madre tendida por el suelo.

Espantóse y, trocando el fuego en hielo,
a los pies sin sentir se le han caído
el arco y flechas, de quien han temido
aun los mayores dioses en el cielo.

Mas cuando libre lo dejó el espanto,
«¡Qué matan a mi madre!», a voces dijo,
el rostro hermoso en lágrimas bañado.

Rióse Venus de su tierno llanto,
y dice alegre: «No me mata, hijo:
¡menos le temo cuanto más armado!»

LUIS DE GÓNGORA
(1561-1627)

## EL FORZADO

Amarrado al duro banco
de una galera turquesa,
ambas manos en el remo
y ambos ojos en la tierra,
un forzado de Dragut
en la playa de Marbella
se quejaba al ronco son
del remo y de la cadena:
«¡Oh, sagrado mar de España,

famosa playa serena,
teatro donde se han hecho
cien mil navales tragedias!
pues eres tú el mismo mar
que con tus crecientes besas
las murallas de mi patria,
coronadas y soberbias,
tráeme nuevas de mi esposa,
y dime si han sido ciertas
las lágrimas y suspiros
que me dice por sus letras,
porque si es verdad que llora
mi cautiverio en tu arena,
bien puedes al mar del Sur
vencer en lucientes perlas.
Dame ya, sagrado mar,
a mis demandas respuesta,
que bien puedes, si es verdad
que las aguas tienen lenguas,
pero, pues no me respondes,
sin duda alguna que es muerta,
aunque no lo debe ser,
pues yo vivo en su ausencia;
pues he vivido diez años
sin libertad y sin ella,
siempre al remo condenado,
a nadie matarán penas.»
En esto se descubrieron
de la religión seis velas
y el cómitre mando usar
al forzado de su fuerza.

LUIS DE GÓNGORA
(1561-1627)

## A LA ESPERANZA

Alivia sus fatigas
el labrador cansado
cuando su yerta barba escarcha cubre,
pensando en las espigas
del agosto abrasado
y en los lagares ricos del otubre;
la hoz se le descubre
cuando el arado apaña,
y con dulces memorias le acompaña.
   Carga de hierro duro
sus miembros, y se obliga
el joven al trabajo de la guerra.
Huye el ocio seguro,
trueca por la enemiga
su dulce, natural y amiga tierra;
mas cuando se destierra
o al asalto acomete,
mil triunfos y mil glorias se promete
   La vida al mar confía,
y a dos tablas delgadas,
el otro, que del oro está sediento.
Escóndesele el día,
y las olas hinchadas
suben a combatir el firmamento;
él quita el pensamiento
de la muerte vecina,
y en el oro le pone y en la mina.
   Dexa el lecho caliente
con la esposa dormida
el cazador solícito y robusto.
Sufre el cierzo inclemente,

la nieve endurecida,
y tiene de su afán por premio justo
interrumpir el gusto
y la paz de las fieras
en vano cautas, fuertes y ligeras.
  Premio y cierto fin tiene
cualquier trabajo humano,
y el uno llama al otro sin mudanza;
el invierno entretiene
la opinión del verano,
y un tiempo sirve al otro de templanza.
El bien de la esperanza
solo quedó en el suelo,
cuando todos huyeron para el cielo.
  Si la esperanza quitas,
¿qué le dejas al mundo?
Su máquina disuelves y destruyes;
todo lo precipitas
en olvido profundo,
¿y del fin natural, Flérida, huyes?
Si la cerviz rehuyes
de los brazos amados,
¿qué premio piensas dar a los cuidados?
  Amor, en diferentes
géneros dividido,
él publica su fin, y quien le admite.
Todos los accidentes
de un amante atrevido
(niéguelo o disimúlelo) permite.
Limite, pues, limite
la vana resistencia;
que, dada la ocasión, todo es licencia.

LUPERCIO LEONARDO DE ARGENSOLA
(1559-1613)

## *SONETO*

   «Dime, Padre común, pues eres justo,
¿por qué ha de permitir tu providencia
que, arrastrando prisiones la inocencia,
suba la fraude a tribunal augusto?
   »¿Quién da fuerza al brazo que robusto
hace a tus leyes firme resistencia,
y que el celo, que más la reverencia
gima a los pies del vencedor injusto?
   »Vemos que vibran vitoriosas palmas
manos inicuas, la virtud gimiendo
del triunfo en el injusto regocijo.»
   Esto decía yo, cuando riendo
celestial ninfa apareció, y me dijo:
«¡Ciego!, ¿es la tierra el centro de las almas?»

> BARTOLOMÉ LEONARDO DE ARGENSOLA
> (1562-1631)

*SIGLO DE ORO*

*LA DOROTEA*

(Fragmentos)

A mis soledades voy,
de mis soledades vengo,
porque para andar conmigo
me bastan mis pensamientos.

No sé qué tiene la aldea
donde vivo, y donde muero,
que con venir de mí mismo,
no puedo venir más lejos.

No estoy bien ni mal conmigo;
mas dice mi entendimiento
que un hombre que todo es alma
está cautivo en su cuerpo.

Entiendo lo que me basta,
y solamente no entiendo
cómo se sufre a sí mismo
un ignorante soberbio.

De cuantas cosas me cansan,
fácilmente me defiendo;
pero no puedo guardarme
de los peligros de un necio.

El dirá que yo lo soy,
pero con falso argumento;
que humildad y necedad
no caben en un sujeto.

La diferencia conozco,
porque en él y en mí contemplo
su locura en su arrogancia,
mi humildad en mi desprecio.

O sabe naturaleza
más que supo en este tiempo,
o tantos que nacen sabios
es porque lo dicen ellos.

«Sólo sé que no se nada»,
dijo un filósofo, haciendo
la cuenta de su humildad,
adonde lo más es menos.

No me precio de entendido,
de desdichado me precio;
que los que no son dichosos,
¿cómo pueden ser discretos?

. . . . . . . . . . . .

Fea pintan a la envidia;
yo confieso que la tengo
de unos hombres que no saben
quién vive pared en medio.

Sin libros y sin papeles,
sin tratos, cuentas ni cuentos,
cuando quieren escribir,
piden prestado el tintero.

Sin ser pobres ni ser ricos,
tienen chimenea y huerto;

no los despiertan cuidados,
ni pretensiones ni pleitos,

ni murmuraron del grande,
ni ofendieron al pequeño;
nunca, como yo, firmaron
parabién, ni Pascuas dieron.

Con esta envidia que digo,
y lo que paso en silencio,
a mis soledades voy,
de mis soledades vengo.

LOPE DE VEGA
(1562-1635)


## *SONETO*

Un soneto me manda hacer Violante,
que en mi vida me he visto en tanto aprieto;
catorce versos dicen que es soneto;
burla burlando van los tres delante.

Yo pensé que no hallara consonante,
y estoy a mitad de otro cuarteto;
mas si me veo en el primer terceto,
no hay cosa en los cuartetos que me espante.

Por el primer terceto voy entrando,
y parece que entré con pie derecho,
pues fin con este verso le voy dando.

Ya estoy en el segundo, y aun sospecho
que voy los trece versos acabando;
contad si son catorce, y está hecho.

LOPE DE VEGA
(1562-1635)

## *DUERME, MI NIÑO*

Pues andáis en las palmas,
ángeles santos,
que se duerme mi niño.
tened los ramos!

Palmas de Belén
que mueven airados
los furiosos vientos
que suenan tanto,
no le hagáis ruido,
corred más paso,
que se duerme mi niño,
tened los ramos!

El niño divino,
que está cansado
de llorar en la tierra
por su descanso,
sosegar quiere un poco
del tierno llanto,
que se duerme mi niño,
tened los ramos!

Rigurosos hielos

le están cercando,
ya veis que no tengo
con qué guardarlo:
Angeles divinos,
que vais volando,
que se duerme mi niño,
tened los ramos!

LOPE DE VEGA
(1562-1635)

## *CANTAR DE SIEGA*

Blanca me era yo
cuando entré en la siega;
dióme el sol y ya soy morena.
Blanca solía yo ser
antes que a segar viniese
mas no quiso el sol que fuese
blanco el fuego en mi poder.
Mi edad al amanecer
era lustrosa azucena;
dióme el sol y ya soy morena.

LOPE DE VEGA
(1562-1635)

## VARIOS EFECTOS DEL AMOR

Desmayarse, atreverse, estar furioso,
áspero, tierno, liberal, esquivo,
alentado, mortal, difunto, vivo,
leal, traidor, cobarde, animoso,

no hallar, fuera del bien, centro y reposo;
mostrarse alegre, triste, humilde, altivo,
enojado, valiente, fugitivo,
satisfecho, ofendido, receloso.

Huir el rostro al claro desengaño,
beber veneno por licor suave,
olvidar el provecho, amar el daño:

creer que un cielo en un infierno cabe;
dar la vida y el alma a un desengaño;
esto es amor. Quien lo probó lo sabe.

LOPE DE VEGA
(1562-1635)

## A LA NOCHE

Noche, fabricadora de embelecos,
loca, imaginativa, quimerista,
que muestras al que en ti su bien conquista
los montes llanos y los mares secos;

habitadora de cerebros huecos,
mecánica, filósofa, alquimista,

encubridora vil, lince sin vista,
espantadiza de tus mismos ecos:

la sombra, el miedo, el mal se te atribuya,
solícita, poeta, enferma, fría,
manos del bravo y pies del fugitivo.

Que vele o duerma, media vida es tuya:
si velo, te lo pago con el día,
y si duermo no siento lo que vivo.

LOPE DE VEGA<br>(1562-1635)

## *DIALOGO ENTRE UN GALAN Y UNA DAMA EMBOZADA, EN UN SARAO.*

*Galán*   Asegurándome voy,
          por lo que el talle señala,
          que es lo mejor de la sala
          esto que mirando estoy.

*Dama*    Buena razón para mala,
          cordura será rogalle,
          pues tan bien que habla, que calle.

*Galán*   Quisiera en esta ocasión
          decir alguna razón
          que se pareciera al talle.
          Y, mirando, me destruyo,
          porque a contemplar me obliga
          lo que entre mí mismo arguyo.

*Dama*  Mejor será que las diga,
que se parece el mal suyo;
pero no me mire tanto,
que, vista del todo, espanto.

*Galán*  Sí me espanta, pues procura
cubrir un sol de hermosura
con el nublado de un manto.
Esto con razón me admira,
mirando sus rayos bellos.

*Dama*  Pues, ¿por qué no se retira
si soy sol, huyendo de ellos?
¿Es águila que los mira
y resiste a sus rigores
con la vista?

*Galán*          Con mejores
ojos quisiera mirar;
mas, bien me puedo llamar
águila en cosas de amores...

*Dama*  ¿Qué espíritu le revela
lo que entre nosotros pasa?

*Galán*  Porque ya el alma recela
que ese sol de nieve, abrasa,
y esta sombra ardiendo, hiela.

*Dama*  En fin, que yo soy la fría,
¿y cómo sabe que cría
tanto hielo mi cuidado?

*Galán*   Porque creo que me ha dado
         todo el fuego que traía...

*Dama*    Vuélvase, si quiere ver
         doña Fulana, que danza
         muy bien.

*Galán*             Muy bien ha de ser
         que es mujer, y una mudanza
         hace bien una mujer.
         Que es mudanza su caudal,
         aunque, según está fiera
         y yo me siento mortal,
         que vuesa merced la hiciera
         no me estuviera a mí mal.
         Mire si me paga bien,
         pues adoro hasta el desdén.

*Dama*    Ya la danza se acabó.

*Galán*   Y porque me acabe yo,
         se acabó el sarao también;
         ¡que aun agora se recata!
         Muérome en fin, y así muero
         por conocer quién me mata.

*Dama*    Aunque sé que es lisonjero,
         porque no me llame ingrata,
         en esto gusto le doy
                       *(Descubrióse.)*
         y un desengaño verá.

*Galán*   ¡Qué bien empleado estoy!

*Dama*   ¡Qué contento vivirá!

*Galán*   Antes muero, pues me voy.

GUILLÉN DE CASTRO<br>(1569-1631)

## *CANCION A LAS RUINAS DE ITALICA*
(Fragmento)

Estos, Fabio, ¡ay dolor! que ves ahora
campos de soledad, mustio collado,
fueron un tiempo Itálica famosa.
Aquí de Cipión la vencedora
colonia fue: por tierra derribado
yace el temido honor de la espantosa
muralla, y lastimosa
reliquia es solamente.
De su invencible gente
sólo quedan memorias funerales,
donde erraron ya sombras de alto ejemplo.
Este llano fue plaza, allí fue templo:
de todo apenas quedan las señales.
Del gimnasio y las termas regaladas
leves vuelan cenizas desdichadas.
Las torres que desprecio al aire fueron
a su gran pesadumbre se rindieron...

RODRIGO CARO<br>(1573-1647)

## LA CIERVA

Doliente cierva, que el herido lado
de ponzoñosa y cruda yerba lleno,
buscas el agua de la fuente pura,
con el cansado aliento y con el seno
bello de la corriente sangre hinchado,
débil y decaída tu hermosura:
¡ay!, que la mano dura
que tu nevado pecho
ha puesto en tal estrecho,
gozosa va con tu desdicha cuando
cierva mortal, viviendo, estás penando
tu desangrado y dulce compañero,
el regalado y blando
pecho pasado del veloz montero.

Vuelve, cuitada, vuelve al valle, donde
queda muerto tu amor, en vano dando
términos desdichados a tu suerte.
Morirás en su seno, reclinando
la beldad, que la cruda mano esconde
delante de la nube de la muerte.
Que el paso duro y fuerte,
ya forzoso y terrible,
no puede ser posible
que le excusen los cielos, permitiendo
crudos astros que muera padeciendo
las asechanzas de un montero crudo,
que te vino siguiendo
por los desiertos de este campo mudo.

Mas, ¡ay!, que no dilatas la inclemente
muerte, que en tu sangriento pecho llevas,
del crudo amor vencido y maltratado:

tú con el fatigado aliento pruebas
a rendir el espíritu doliente
en la corriente de este valle amado.
Que el ciervo desangrado,
que contigo la vida
tuvo por bien perdida,
no fué tan poco de tu amor querido,
que habiendo tan cruelmente padecido,
quieras vivir sin él, cuando pudieras
librar el pecho herido
de crudas llagas y memorias fieras.
   Cuando por la espesura deste prado
como tórtolas solas y queridas,
solos y acompañados anduvistes:
cuando de verle mirto y de floridas
violetas, tierno acanto y lauro amado,
vuestras frentes bellísmas ceñistes:
cuando las horas tristes,
ausentes y queridos,
con mil mustios bramidos
ensordecisteis la ribera umbrosa
del claro Tajo, rica y venturosa
con vuestro bien, con vuestro mal sentida,
cuya muerte penosa
no deja rastro de contenta vida.
   Agora el uno, cuerpo muerto lleno
de desdén y de espanto, quien solía
ser ornamento de la selva umbrosa:
tú, quebrantada y mustia, al agonía
de la muerte rendida, el bello seno
agonizando, el alma congojosa:
cuya muerte gloriosa,
en los ojos de aquellos
cuyos despojos bellos

son victorias del crudo amor furioso,
martirio fué de amor, triunfo glorioso
con que corona y premia dos amantes
que del siempre rabioso
trance mortal salieron muy triunfantes.
 Canción, fábula un tiempo, y acaso agora
de una cierva doliente, que la dura
flecha del cazador dejó sin vida,
errad por la espesura
del monte, que de gloria tan perdida
no hay sino lamentar su desventura.

FRANCISCO DE LA TORRE
(Fin del siglo XVI)

## SONETO

Esta es, Tirsis, la fuente do salía
contemplar su beldad mi Filis bella;
éste el prado gentil, Tirsis, donde ella
su hermosa frente de su flor ceñía.
Aquí, Tirses, la vi cuando salía
dando la luz y de una y otra estrella;
allí, Tirsis, me vido; y tras aquella
haya se me escondió, y ansí la vía.
En esta cueva desde monte amado
me dió la mano y me ciñó la frente
de verde hiedra y de violetas tiernas.
Al prado y haya y cueva y monte y fuente
y al cielo desparciendo olor sagrado,
rindo de tanto bien gracias eternas.

FRANCISCO DE LA TORRE
(Fin del siglo XVI)

## *ODA*

Tirsis, ¡ah Tirsis!, vuelve y endereza
tu navecilla contrastada y frágil
a la seguridad del puerto; mira
    que se te cierra el cielo.

El frío Bóreas, y el ardiente Noto,
apoderado de la mar insana,
anegaron agora en este piélago
    una dichosa nave.

Clamó la gente mísera, y el cielo
escondió los clamores y gemidos
entre los rayos y espantosos truenos
    de su turbada cara.

¡Ay!, que me dice tu animoso pecho
que tus atrevimientos mal regidos
te ordenan algún caso desastrado
    al romper de tu Oriente.

No ves, cuitado, que el hinchado Noto
trae en sus remolinos polvorosos
las imitadas mal seguras alas
    de un atrevido mozo.

No ves que la tormenta rigurosa
viene del abrasado monte, donde
yace muriendo vivo el temerario
    Encélado y Tifeo.

Conoce, desdichado, tu fortuna,
y prevén a tu mal: que la desdicha
prevenida con tiempo no penetra
  tanto como la súbita.

¡Ay!, que te pierdes; vuelve, Tirsis, vuelve
tierra, tierra que brama tu navío,
hecho prisión, y cueva sonorosa
  de los hinchados vientos.

Allá se avenga el mar, allá se avengan
los mal regidos súbditos del fiero
Eolo, con soberbios navegantes
  que su furor desprecian.

Miremos la tormenta rigurosa
dende la playa, que el airado cielo
menos se encruelece de contino
  con quien se anima menos.

Francisco de la Torre
(Fin del siglo XVI)

*SIGLO DE ORO*

## *LA FABULA DEL GENIL*

También entre las ondas fuego enciendes.
Amor, como en la esfera de tu fuego,
y a los dioses de escarcha también prendes,
como a Vulcano, con lascivo juego;
del sacro Olimpo a Júpiter desciendes,
y a Febo dejas, sin su lumbre, ciego,
y a Marte pones, con infame prueba,
que de tu madre las palabras beba.
 El claro dios Genil sintió tus lazos,
que a la náyade Cynaris adora,
ella le hace el corazón pedazos,
y él crece con las lágrimas que llora;
corta las aguas con los blancos brazos
la ninfa, que con otras ninfas mora
debajo de las aguas cristalinas
en aposentos de esmeraldas finas.
 El despreciado dios su dulce amante
con las náyades vido estar bordando,
y por enternecer aquel diamante,
sobre un pescado azul llegó cantando;
de una concha una cítara sonante
con destrísimos dedos va tocando;
paró el agua a su queja, y por oílla
los sauces se inclinaron a la orilla.
 «Vosotras, que miráis mi fuego ardiente,
seréis, dice, testigos de mi pena
y del rigor y término inclemente
de la que está de gracia y desdén llena;
Neptuno fué mi abuelo, y de una fuente,
que es de una sierra de cristales vena,
soy dios, y con mis ondas fuera a Tetis,

si no atajara mi camino el Betis.
    »Vestida está mi margen de espadaña
y de viciosos apios y mastranto,
y el agua, clara como el ámbar, baña
troncos de mirtos y de lauro santo;
no hay en mi margen silbadora caña
ni adelfa; mas violetas y amaranto,
de donde llevan flores en las faldas
para hacer las hénides guirnaldas.
    »Hay blancos lirios, verdes mirabeles,
y azules guarnecidos alhelíes,
y allí las clavellinas y claveles
parecen sementera de rubíes;
hay ricas alcatifas, y alquiceles
rojos, blancos, gualdos y turquíes,
y derraman las auras con su aliento
ámbares y azahares por el viento.
    »Yo, cuando salgo de mis grutas hondas,
estoy de frescos palios cobijado,
y entre nácares crespos de redondas
perlas mi margen veo estar honrado;
el sol no tibia mis cerúleas ondas,
ni las enturbia el balador ganado;
ni a las Napeas que en mi orilla cantan
los pintados lagartos las espantan.
    »Allí del olmo abrazan ramo y cepa
con pámpanos arpados de sarmientos;
falta lugar por donde el rayo quepa
del sol, y soplan los delgados vientos;
por flexibles tarajes sube y trepa
la inexplicable yedra, y los contentos
ruiseñores trinando; allí no hay selva
que en mi alabanza a responder no vuelva.
    »Mas ¿qué aprovecha, ¡oh lumbre de mis ojos!,

que conozcas mis padres y riqueza,
si despreciando todos mis despojos,
te contentas con sola tu belleza?»
Dijo, y la ninfa de matices rojos
cubrió el marfil, y vuelta la cabeza
con desdén, da a entender que el dios la enoja,
y arroja el bastidor, y el oro arroja...
y arroja el bastidor, y el oro arroja...

PEDRO ESPINOSA
(1578-1650)

## *SALMO XVII*

Miré los muros de la patria mía,
si un tiempo fuertes, ya desmoronados,
de la carrera de la edad cansados,
por quien caduca ya su valentía.

Salíme al campo; vi que el sol bebía
los arroyos del yelo desatados,
y del monte quejosos los ganados
que con sombras hurtó su luz al día.

Entré en mi casa; vi que, amancillada,
de anciana habitación eran despojos;
mi báculo, más corvo y menos fuerte.

Vencida de la edad sentí mi espada,
y no hallé cosa en que poner los ojos
que no fuese recuerdo de la muerte.

FRANCISCO DE QUEVEDO
(1580-1645)


## *SONETO A LA BREVEDAD DE LA VIDA*

¡Fue sueño ayer; mañana será tierra!
¡Poco antes, nada; y poco después, humo!
¡Y destino ambiciones, y presumo
apenas punto al cerco que me cierra!

Breve combate de importuna guerra,
en mi defensa soy peligro sumo;

y mientras con mis armas me consumo,
menos me hospeda el cuerpo, que me entierra.

Ya no es ayer; mañana no ha llegado;
hoy pasa, y es, y fue, con movimiento
que a la muerte me lleva despeñado.

Azadas son la hora y el momento,
que, a jornal de mi pena y mi cuidado,
cavan en mi vivir mi monumento.

FRANCISCO DE QUEVEDO
(1580-1645)

## LETRILLA SATIRICA

Madre, yo al oro me humillo;
él es mi amante y mi amado,
pues, de puro enamorado,
de contínuo anda amarillo;
que pues, doblón o sencillo,
hace todo cuanto quiero,
*poderoso caballero*
*es don Dinero.*

Nace en las Indias honrado,
donde el mundo le acompaña;
viene a morir en España,
y es en Génova enterrado.
Y pues quien le trae al lado
es hermoso, aunque sea fiero,

*poderoso caballero
es don Dinero.*

Es galán y es como un oro,
tiene quebrado el color,
persona de gran valor,
tan cristiano como moro.
Pues que da y quita el decoro
y quebranta cualquier fuero,
*poderoso caballero
es don Dinero.*

Son sus padres principales,
y es de nobles descendiente,
porque en las venas de Oriente
todas las sangres son reales;
y pues es quien hace iguales
al duque y al ganadero,
*poderoso caballero
es don Dinero.*

Mas ¿a quién no maravilla
ver en su gloria sin tasa
que es lo menos de su casa
doña Blanca de Castilla?
Pero, pues da al bajo silla
y al cobarde hace guerrero,
*poderoso caballero
es don Dinero.*

Sus escudos de armas nobles
son siempre tan principales,
que sin sus escudos reales
no hay escudos de armas dobles;

y pues a los mismos robles
de codicia su minero,
*poderoso caballero*
*es don Dinero.*

Por importar en los tratos
y dar tan buenos consejos,
en las casas de los viejos
gatos le guardan de gatos.
Y pues el rompe recatos
y ablanda al juez más severo
*poderoso caballero*
*es don Dinero.*

Y es tanta su majestad
(aunque son sus duelos hartos),
que con haberle hecho cuartos,
no pierde su autoridad;
pero, pues da calidad
al noble y al pordiosero,
*poderoso caballero*
*es don Dinero.*

Nunca vi damas ingratas
a su gusto y afición;
que a las caras de un doblón
hacen sus caras baratas;
y pues las hace bravatas
desde una bolsa de cuero,
*poderoso caballero*
*es don Dinero.*

Más valen en cualquier tierra
(¡mirad si es harto sagaz!)

sus escudos en la paz
que rodelas en la guerra.
Y pues al pobre le entierra
y hace propio al forastero,
*poderoso caballero
es don Dinero.*

FRANCISCO DE QUEVEDO<br>(1580-1645)

*MEMORIA INMORTAL
DE DON PEDRO GIRON, DUQUE DE OSUNA,
MUERTO EN LA PRISION*

Faltar pudo su patria al grande Osuna,
pero no a su defensa sus hazañas;
diéronle muerte y cárcel las Españas
de quien él hizo esclava la fortuna.

Lloran sus envidias una a una
con las propias naciones las extrañas;
su tumba son de Flandes las campañas
y su epitafio la sangrienta luna.

En sus exequias encendió al Vesubio
Parténope, y Trinacria al Mongibelo;
el llanto militar creció en diluvio.

Dióle el mejor lugar Marte en su cielo;
la Mosa, el Rin, El Tajo y el Danubio
murmuran con dolor su desconsuelo.

FRANCISCO DE QUEVEDO<br>(1580-1645)

*SIGLO DE ORO*

## *EPISTOLA SATIRICA Y CENSORIA*

*Contra las costumbres de los castellanos, escrita al Conde-Duque de Olivares*

No he de callar, por más que con el dedo,
ya tocando la boca, o ya la frente,
silencio avises o amenaces miedo.
 ¿No ha de haber un espíritu valiente?
¿Siempre se ha de sentir lo que se dice?
¿Nunca se ha de decir lo que se siente?
 Hoy sin miedo que libre escandalice
puede hablar el ingenio, asegurado
de que mayor poder le atemorice.
 En otros siglos pudo ser pecado
severo estudio y la verdad desnuda,
y romper el silencio el bien hablado.
 Pues sepa quien lo niega y quien lo duda
que es la lengua la verdad de Dios severo
y la lengua de Dios nunca fué muda.
 Son la verdad y Dios, Dios verdadero:
ni eternidad divina los separa,
ni de los dos alguno fué primero.
 Si Dios a la verdad se adelantara,
siendo la verdad, implicación hubiera
en ser y en que verdad de ser dejara.
 La justicia de Dios es verdadera,
y la misericordia, y todo cuanto
es Dios todo ha de ser verdad entera.
 Señor Excelentísimo, mi llanto
ya no consiente márgenes ni orillas:
inundación será la de mi canto.
 Ya sumergirse miro mis mejillas,
la vista por dos urnas derramada

sobre las aras de las dos Castillas.

Yace aquella virtud desaliñada
que fué, si rica menos, más temida,
en vanidad y en sueño sepultada.

Y aquella libertad exclarecida
que en donde supo hallar honrada muerte
nunca quiso tener más larga vida.

Y pródiga del alma, nación fuerte
contaba por afrentas de los años
envejecer en brazos de la suerte.

Del tiempo el ocio torpe, y los engaños
del paso de las horas y del día
reputaban los nuestros por extraños.

Nadie contaba cuánta edad vivía,
sino de qué manera: ni aún un hora
lograba sin afán su valentía.

La robusta virtud era señora,
y sola dominaba al pueblo rudo;
edad, si mal hablaba, vencedora.

El temor de la mano daba escudo
al corazón, que, en ella confiado,
todas las armas despreció desnudo.

Multiplicó en escuadras un soldado
su honor precioso, su ánimo valiente,
de sola honesta obligación armado.

Y debajo del cielo aquella gente,
si no a más descansado, a más honroso
sueño entregó los ojos, no la mente.

Hilaba la mujer para su esposo
la mortaja primero que el vestido;
menos le vió galán que peligroso.

Acompañaba el lado del marido
más veces en la hueste que en la cama;
sano le aventuró, vengóle herido.

Todas matronas y ninguna dama,
que nombres del halago cortesano
no admitió lo severo de su fama.

Derramado y sonoro el Oceano
era divorcio de las rubias minas,
que usurparon la paz del pecho humano.

Ni los trujo costumbres peregrinas
el áspero dinero, ni el Oriente
compró la honestidad con piedras finas.

Joya fué la virtud pura y ardiente;
gala el merecimiento y alabanza;
sólo se codiciaba lo decente.

No de la pluma dependió la lanza.
ni el cántabro con cajas y tinteros
hizo el campo heredad, sino matanza.

Y España, con legítimos dineros,
no mendigando el crédito a Liguria,
más quiso los turbantes que los ceros.

Menos fuera la pérdida y la injuria
si se volvieran Muzas los asientos,
que esta usura es peor que aquella furia.

Caducaban las aves en los vientos,
y espiraba decrépito el venado:
grande vejez duró en los elementos.

Que el vientre entonces, bien disciplinado,
buscó satisfacción y no hartura,
y estaba la garganta sin pecado.

Del mayor infanzón de aquella pura
República de grandes hombres, era
una vaca sustento y armadura.

No había venido al gusto lisonjera
la pimienta arrugada, ni del clavo
la adulación fragante forastera.

Carnero y vaca fué principio y cabo,

y con rojos pimientos y ajos duros
tan bien como el señor comió el esclavo.
  Bebió la sed los arroyuelos puros:
después mostraron del carchesio a Baco
el camino los brindis mal seguros.
  El rostro macilento, el cuerpo flaco,
eran recuerdo del trabajo honroso,
y honra y provecho andaban en un saco.
  Pudo sin miedo un español velloso
llamar a los tudescos bacchanales,
y al holandés hereje y alevoso.
  Pudo acusar los celos desiguales
a la Italia; pero hoy de muchos modos
somos copias si son originales.
  Las descendencias gastan muchos godos,
todos blasonan, nadie los imita,
y no son sucesores, sino apodos.
  Vino el betún precioso que vomita
la ballena o la espuma de las olas,
que el vicio, no le olor, nos acredita.
  Y quedaron las huestes españolas
bien perfumadas, pero mal regidas,
y alhajas las que fueron pieles solas.
  Estaban las hazañas mal vestidas,
y aun no se hartaba de buriel y lana
la vanidad de fembras presumidas.
  A la seda pomposa siciliana,
que manchó ardiente múrice, el romano
y el oro hicieron áspera y tirana.
  Nuca al duro español supo el gusano
persuadir que vistiese su mortaja,
intercediendo el can por el verano.
  Hoy desprecia el honor al que trabaja,
y entonces fué el trabajo ejecutoria,

y el vicio graduó la gente baja.
  Pretende el alentado joven gloria
por dejar la vacada sin marido,
y de Ceres ofende la memoria.
  Un animal a la labor nacido
y símbolo celoso a los mortales,
que a Jove fué disfraz y fué vestido;
  que un tiempo endureció manos reales,
y detrás de él los cónsules gimieron,
y rumia luz en campos celestiales.
  ¿Por cuál enemistad se persuadieron
a que su apocamiento fuese hazaña,
y a las mieses tan grande ofensa hicieron?
  ¡Qué cosa es ver un infanzón de España
abreviado en la silla a la jineta,
y gastar un caballo en una caña!
  Que la niñez al gallo le acometa
con semejante munición apruebo;
mas no la edad madura y la perfeta.
  Ejercite sus fuerzas el mancebo
en frentes de escuadrones, no en la frente
del útil bruto la asta del acebo.
  El trompeta le llame diligente,
dando fuerza de ley el viento vano,
y al son de éste el ejército obediente.
  ¡Con cuánta majestad llena la mano
la pica, y el mosquete carga el hombro,
del que se atreve a ser buen castellano!
  Con asco entre las otras gentes nombro
al que su persona, sin decoro,
más quiere nota dar que dar asombro.
  Jineta y cañas son contagio moro;
restitúyanse justas y torneos,
y hagan paces las capas con el toro.

Pasadnos vos de juegos a trofeos;
que sólo grande rey y buen privado
pueden ejecutar esos deseos.
　　Vos que hacéis repetir siglo pasado
con desembarazarnos las personas
y sacar a los miembros de cuidado,
　　vos disteis libertad con las valonas
para que sean corteses las cabezas,
desnudando el enfado a las coronas;
　　y, pues vos enmendasteis las cortezas,
dad a la mejor parte medicina:
vuélvanse los tablados fortalezas.
　　Que la cortés estrella que os inclina
a privar sin intento y sin venganza,
milagro que a la envidia desatina.
　　tiene por sola bienaventuranza
el reconocimiento temeroso,
no presumida y ciega confianza.
　　Y si os dio el ascendiente generoso
escudos, de armas y blasones llenos,
y por timbre el martirio glorioso,
　　mejores sean por vos los que eran buenos
Guzmanes, y la cumbre desdeñosa
os muestre a su pesar campos serenos.
　　Lograd, señor, edad tan venturosa;
y cuando nuestras fuerzas examina
persecución unida y belicosa,
　　la militar valiente disciplina
tenga más platicantes que la plaza:
descansen tela falsa y tela fina.
　　Suceda a la marlota la coraza,
y si el Corpus con danzas no los pide,
velillos y oropel no hagan baza.
　　El que en treinta lacayos los divide,

hace suerte en el toro y con un dedo
la hace en él la vara que los mide.
  Mandadlo así, que aseguraos puedo
que habéis de restaurar más que Pelayo,
pues valdrá por ejércitos el miedo
y os verá el cielo administrar su rayo.

FRANCISCO DE QUEVEDO
(1580-1645)

## *«YA FORMIDABLE Y ESPANTOSO SUENA...»*

  Ya formidable y espantosa suena
dentro del corazón el postrer día,
y la última hora, negra y fría,
se acerca, de temor y sombras llena.
  Si agradable descanso, paz serena,
la muerte en traje de dolor envía,
señas da su desdén de cortesía:
más tiene de caricia que de pena.
  ¿Qué pretende el temor desacordado
de la que a rescatar piadosa viene
espíritu en miserias añudado?
  Llegue rogada, pues mi bien previene;
hálleme agradecido, no asustado;
mi vida acabe y mi vivir ordene.

FRANCISCO DE QUEVEDO
(1580-1645)

## AFECTO AMOROSO COMUNICADO AL SILENCIO

    Deja tu albergue oculto,
mudo silencio; que en el margen frío
deste sagrado río
y en este valle solitario inculto,
te aguarda el pecho mío.
    Entra en mi pecho, y te diré medroso
lo que a ninguno digo,
de que es amor testigo,
y aun a ti revelarlo apenas oso.
Ven, ¡oh silencio fiel!, y escucha atento,
tú solo, y mi callado pensamiento.
    Sabrás (mas no querría
me oyese el blando céfiro, y al eco
en algún tronco hueco
comunicase la palabra mía,
o que en el agua fría
el Betis escondido me escuchase);
sabrás que el cielo ordena
que con alegre pena
en dulces llamas el amor me abrase,
y que su fuego, el corazón deshecho,
de sus tormentos viva satisfecho...
    No quiera el cielo que a la dulce calma
de tu beldad serena
turbe una breve pena,
aunque mil siglos la padezca el alma;
dile, silencio, tú, con señas mudas,
lo que ha ignorado siempre y tú no dudas.
    Mas ¡ay! no se lo digas
que es forzoso decirlo en mi presencia;
y bien que la decencia
de tu recato advierto, al fin me obligas

que espere su sentencia,
y el temor ya me dice en voz expresa:
«No has sido poco osado
sólo en haberla amado:
no te abalances a mayor empresa;
basta que sepan tu amorosa historia
el secreto silencio y tu memoria.»

JUAN DE JÁUREGUI
(1583-1641)

## EPISTOLA MORAL A FABIO
(Fragmentos)

Fabio, las esperanzas cortesanas
prisiones son do el ambicioso muere
y donde al más activo nacen canas.

El que no las limare o las rompiere,
ni el nombre de varón ha merecido,
ni subir al honor que pretendiere.

El ánimo plebeyo y abatido
procura, en sus intentos temeroso,
antes estar suspenso que caído;

que el corazón entero y generoso
al caso adverso inclinará la frente
antes que la rodilla al poderoso.
. . . . . . . . . .

Más quiere el ruiseñor su pobre nido
de plumas y leves pajas, más sus quejas
en el monte repuesto y escondido,

que agradar lisonjero las orejas
de algún príncipe insigne, aprisionado
en el metal de las doradas rejas.

. . . . . . . . . .

La codicia en las manos de la suerte
se arroja al mar, la ira a las espadas,
y la ambición se ríe de la muerte.

*SIGLO DE ORO*

Y ¿no serán siquiera tan osadas
las opuestas acciones, si las miro
de más nobles objetos ayudadas?

Ya, dulce amigo, huyo y me retiro
de cuanto simple amé: rompí los lazos;
ven y sabrás al grande fin que aspiro,
antes que el tiempo muera en nuestros brazos.

ANDRÉS FERNÁNDEZ DE ANDRADA<br>(siglo XVII)

*LA VIDA ES SUEÑO*

Escena XIX

Es verdad; pues reprimamos
esta fiera condición,
esta furia, esta ambición,
por si alguna vez soñamos:
y sí haremos, pues estamos
en mundo tan singular,
que el vivir sólo es soñar;
y la experiencia me enseña
que el hombre que vive, sueña
lo que es, hasta despertar.

Sueña el rey que es rey y vive
con este engaño mandando,
disponiendo y gobernando;
y este aplauso que recibe
prestado, en el viento escribe;

y en cenizas lo convierte
la muerte (¡desdicha fuerte!):
¿y hay quien intente reinar
viendo que ha de despertar
en el sueño de la muerte?

Sueña el rico en su riqueza
que más cuidados le ofrece;
sueña el pobre que padece
su miseria y su pobreza;
sueña el que a medrar empieza,
sueña el que afana y pretende,
sueña el que agravia y ofende,
y en el mundo, en conclusión,
todos sueñan lo que son,
aunque ninguno lo entiende.

Yo sueño que estoy aquí
destas prisiones cargado,
y soñé que en otro estado
más lisonjero me vi.
¿Qué es la vida? Un frenesí.
¿Qué es la vida? Una ilusión,
una sombra, una ficción,
y el mayor bien es pequeño,
que toda la vida es sueño
y los sueños, sueños son.

PEDRO CALDERÓN DE LA BARCA
(1600-1681)

*SIGLO DE ORO*

## *CANTARCILLO*

Ruiseñor que volando vas,
cantando finezas, cantando favores,
¡oh cuánta pena y envidia me das!
Pero no, que si hoy cantas amores,
tú tendrás celos y tú llorarás.
 ¡Qué alegre y desvanecido
cantas, dulce ruiseñor,
las aventuras de tu amor
olvidado de tu olvido!
 En ti, de ti entretenido
al ver cuán ufano estás,
¡oh cuánta pena me das
publicando tus favores!
Pero no, que si hoy cantas amores,
tú tendrás celos y tú llorarás.

PEDRO CALDERÓN DE LA BARCA
(1600-1681)

## *A LAS FLORES*
### *(De El Príncipe constante)*

Estas que fueron pompa y alegría
despertando al albor de la mañana,
a la tarde serán lástima vana
durmiendo en brazos de la noche fría.
 Este matiz que al cielo desafía,
iris listado de oro, nieve y grana,
será escarmiento de la vida humana:
¡tanto se emprende en término de un día!
 A florecer las rosas madrugaron,
y para envejecerse florecieron:
cuna y sepulcro en un botón hallaron.
 Tales los hombres sus fortunas vieron:
en un día nacieron y expiraron;
que pasados los siglos, horas fueron.

PEDRO CALDERÓN DE LA BARCA
(1600-1681)

## EL PAJARILLO

Yo vi sobre un tomillo
quejarse a un pajarillo,
viendo su nido amado,
de quien era caudillo,
de un labrador robado.
Vile tan acongojado
por tal atrevimiento,
dar mil quejas al viento
para que al cielo santo
llegue su tierno llanto,
llegue su tierno acento.
Ya con triste armonía,
esforzando el intento
más sonoro volvía;
ya circular volaba;
ya rastrero corría;
ya, pues, de rama en rama
al rústico se huía
y saltando en la grama
parece que decía:
«Dame, rústico fiero,
mi dulce compañía.»
Y que le respondía
el rústico: «No quiero.»

ESTEBAN MANUEL DE VILLEGAS
(1596-1669)

## ODA SAFICA

Dulce vecino de la verde selva,
huésped eterno del abril florido,
vital aliento de la madre Venus,
    céfiro blando;
si de mis ansias el amor supiste,
tú, que las quejas de mi voz llevaste,
oye, no temas, y a mi ninfa dile,
    dile que muero.
Filis un tiempo mi dolor sabía;
Filis un tiempo mi dolor lloraba;
quísome un tiempo, mas agora temo,
    temo sus iras.
Así los dioses con amor paterno,
así los cielos con amor benigno,
niguen al tiempo que feliz volares
    nieve a la tierra.
Jamás el peso de la nube parda,
cuando amanece en la elevada cumbre,
toque tus hombros ni su mal granizo
    hiera tus alas.

          ESTEBAN MANUEL DE VILLEGAS
                      (1596-1669)

## EPIGRAMAS

### I

Entré, Lauro, en tu jardín,
y vi una dama o lucero,
y una vieja o cancerbero,
que era su guarda o mastín.
   Es todo tan excelente,
que me pareció el vergel
que Adán perdió, viendo en él
fruta, flor, Eva y serpiente.

### II

   Vió a una mulata murciana
un hombre asomada un día
a un esconce, que servía
de chimenea y ventana.
   Ella se le queja, viendo
que no le habla, corrida
por ser dél tan conocida,
y él se disculpó diciendo:
   «Que pase, mire y te vea Clara;
sin hablar, no es mucho,
que entendí que era tu cara
humo desa chimenea.»

SALVADOR JACINTO POLO DE MEDINA
(1607-1640)

## CANCION

*No me le digáis mal,*
*madre, a Fray Antón;*
*no me le digáis mal,*
*que le tengo en devoción.*

Madre, yo no niego
que él burla conmigo,
y de aqueste juego
siempre le castigo;
mil veces le digo:
«¡Padre, tentación!»
*no me le digáis mal,*
*que le tengo en devoción.*

Cuando estamos juntos
ambos de rodillas,
sácame por puntos
algunas cosillas;
háceme cosquillas
en el corazón.
*No me le digáis mal,*
*que le tengo en devoción.*

Yo tengo reposo
con su Reverencia,
que tiene presencia
de buen religioso;
aunque es peligroso
en mi salvación,
*no me le digáis mal,*
*que le tengo en devoción.*

*SIGLO DE ORO*

Es fraile polido
de muy lindo talle,
que desde la calle
viene apercebido;
arroja el vestido,
y queda en jubón;
*no me le digáis mal,*
*que le tengo en devoción.*

Cuando quiere entrar
viene muy honesto,
mesurado el gesto
por disimular:
háceme turbar
su Visitación;
*no me le digáis mal,*
*que le tengo en devoción.*

Anónimo
(Siglos XVI-XVII)

## SONETO A CRISTO CRUCIFICADO

No me mueve, mi Dios, para quererte
el cielo que me tienes prometido;
ni me mueve el infierno tan temido
para dejar por eso de ofenderte.

Tú me mueves, señor; muéveme el verte
clavado en una cruz y escarnecido;
múeveme ver tu cuerpo tan herido;
muévenme tus afrentas y tu muerte.

Muéveme, en fin, tu amor, y en tal manera
que aunque no hubiera cielo, yo te amara,
y aunque no hubiera infierno, te temiera.

No tienes que me dar porque te quiera,
pues aunque cuanto espero no esperara,
lo mismo que te quiero te quisiera.

ANÓNIMO
(Siglos XVI-XVII)

*SIGLO DE ORO*

## *REDONDILLAS*

Hombres necios que acusáis
a la mujer sin razón,
sin ver que sois la ocasión
de lo mismo que culpáis.

Si con ansia sin igual
solicitáis su desdén,
¿por qué queréis que obren bien
si las incitáis al mal?

Combatís su resistencia,
y luego, con gravedad,
decís que fué liviandad
lo que hizo la diligencia.

Parecer quiere el denuedo
de vuestro parecer loco
al niño que pone el coco
y luego le tiene miedo.

Queréis con presunción necia
hallar a la que buscáis,
para pretendida, Thais,
y en la posesión, Lucrecia.

¿Qué humor puede haber más raro
que el que, falto de consejo,
él mismo empaña el espejo
y siente que no esté claro?

Con el favor y el desdén
tenéis condición igual,
quejándoos, si os tratan mal,
brulándoos, si os quieren bien.

Opinión ninguna gana,
pues la que más se recata,
si no admite, es ingrata;
y, si admite, es liviana.

Siempre tan necios andáis
que con desigual nivel
a una culpáis de cruel,
y a otra por fácil culpáis.

Pues, ¿cómo ha de estar templada
la que vuestro amor pretende,
si la que es ingrata ofende
y la que es fácil enfada?

Mas entre el enfado y pena
que vuestro gusto refiere,
bien haya la que no os quiere,
y quejaos en hora buena.

Dan las amantes penas
a sus libertades alas,
y después de hacerlas malas
las queréis hallar muy buenas.

¿Cuál mayor culpa ha tenido,
en una pasión errada,
la que cae de rogada,
o el que rueda de caído?

¿O cuál es más de culpar,
aunque cualquiera mal haga,
la que peca por la paga
o el que paga por pecar?

Pues ¿para qué os espantáis
de la culpa que tenéis?
Queredlas cual las hacéis
o hacedlas cual las buscáis.

Dejad de solicitar
y después con más razón
acusaréis la afición
de la que os puede rogar.

Bien con muchas armas fundo
que lidia vuestra arrogancia,

pues en promesa e instancia
juntáis diablo, carne y mundo.

SOR JUANA INÉS DE LA CRUZ
(1651-1695)

## «AL QUE INGRATO ME DEJA, BUSCO AMANTE»

Al que ingrato me deja, busco amante;
al que amante me sigue, dejo ingrata;
constante adoro a quien mi amor maltrata,
maltrato a quien mi amor busca constante.
 Al que trato de amor hallo diamante,
y soy diamante al que de amor me trata,
triunfante quiero ver al que me mata,
y mato al que me quiere ver triunfante.
 Si a éste pago, padece mi deseo;
si ruego a aquél, mi pundonor enojo,
de entrambos modos infeliz me veo.
 Pero yo por mejor partido escojo,
de quien no quiero, ser violento empleo,
de quien no me quiere, vil despojo.

SOR JUANA INÉS DE LA CRUZ
(1651-1695)

## FANTASIA CONTENTA CON AMOR DECENTE

Detente, sombra de mi bien esquivo,
imagen del hechizo que más quiero,
bella ilusión por quién alegre muero,
dulce ficción por quien penosa vivo.
　Si al imán de tus gracias atractivo
sirve mi pecho de obediente acero,
¿para qué me enamoras lisonjero,
y has de burlarme luego fugitivo?
　Mas blasonar no puedo satisfecho
de que triunfa de mí tu tiranía;
que, aunque dejas burlado el lazo estrecho
　Que tu forma fantástica ceñía,
poco importa burlar brazos y pecho
si le labra prisión mi fantasía.

SOR JUANA INÉS DE LA CRUZ
(1651-1695)

# Neoclasicismo
(Siglo XVIII)

## NEOCLASICISMO

### *RECETA PARA SER GRAN SOLDADO*

Mucho galón, y un blondo peluquín
un latiguillo, y una bota a lo dragón,
ir al Prado en caballo muy trotón,
y llevar a la mano otro rocín;

decir: «No entiende, Eugenio, lo del Rin?»
mirar muy de falsete un escuadrón,
y en todo caso vaya, en la ocasión,
primero que a las balas, al botín;

ser siempre de contrario parecer,
de todos los que mandan, decir mal,
y después ir con ellos a comer;

pretender, y quejarse de fatal;
que con estas liciones podrá ser
en un mes un gallina general.

Eugenio Gerardo Lobo
(1679-1750)

## *VIDA BRIBONA*

En una cuna pobre fui metido,
entre bayetas burdas mal fajado,
donde salí robusto y bien templado,
y el rústico pellejo muy curtido.

A la naturaleza le he debido
más que el señor, el rico y potentado,
pues le hizo sin sosiego delicado,
y a mí con desahogo bien fornido.

El se cubre de seda, que no abriga,
yo resisto con lana a la inclemencia;
él por comer se asusta y se fatiga,

yo soy feliz, si halago a mi conciencia,
pues lleno a todas horas la barriga,
fiado de que hay Dios y providencia.

DIEGO DE TORRES VILLARROEL<br>(1694-1770)

## *PAGO QUE DA EL MUNDO A LOS POETAS*

Dícese de Quevedo que fue claro,
y que en algunas coplas fue obsceno;
Góngora puede ser que fuese bueno,
pero ya sus comentos le hacen raro.

El Calderón, que nos lo venden muy caro,
sólo de lo amatorio fue muy lleno,

y nos dejó en lo cómico un veneno
que nos hemos bebido sin reparo.

La idea de Juan Pérez fue abatida,
de Solís intrincada, ¡infeliz suerte!
¡Oh, ciencia pobre! ¡Facultad perdida!

¡Mundo borracho, que al varón más fuerte
después de ajarlo, miserable, en vida,
predicas estas honras en su muerte!

DIEGO TORRES DE VILLARROEL<br>(1694-1770)

## *FIESTA DE TOROS EN MADRID*

Madrid, castillo famoso
que al rey moro alivia el miedo,
arde en fiestas en su coso
por ser el natal dichoso
de Alimenón de Toledo.

Su bravo alcaide Aliatar,
de la hermosa Zaida amante
las ordena celebrar
por si la puede ablandar
el corazón de diamante.

Pasó, vencida a sus ruegos,
desde Aravaca a Madrid;
hubo pandorgas y fuegos

con otros nocturnos juegos
que dispuso el adalid.

Y en adargas y colores
en las cifras y libreas,
mostrador los amadores,
y en pendones y preseas,
la dicha de sus amores.

Vinieron las moras bellas
de toda la cercanía,
y de lejos muchas de ellas:
las más apuestas doncellas
que España entonces tenía.

Aja de Jetafe vino,
y Zahara la de Alcorcón,
en cuyo obsequio muy fino
corrió de un vuelo el camino
el moraicel de Alcabón.

Jarifa de Almonacid,
que, de la Alcarria en que habita,
llevó a asombrar a Madrid
su amante Audalla, adalid
del castillo de Zorita.

De Adamuz y la famosa
Meco llegaron allí
dos, cada cual más hermosa,
y Fátima la preciosa,
hija de Alí el alcaldí.

El ancho circo se llena

de multitud clamorosa,
que atiende a ver en la arena,
la sangrienta lid dudosa,
y todo en torno resuena.

La bella Zaida ocupó
sus dorados miradores
que el arte afiligranó,
y con espejos y flores
y damascos adornó.

Añafiles y atabales,
con militar armonía,
hicieron salva, y señales
de mostrar su valentía
los moros más principales.

No en las vegas de Jarama
pacieron la verde grama
nunca animales tan fieros,
junto al pueblo que se llama,
por sus peces, de Viveros,

como los que el vulgo vio
ser lidiados aquel día;
y en la fiesta que gozó,
la popular alegría
muchas heridas costó.

Salió un toro del toril
y a Tarfe tiró por tierra,
y luego a Benalguacil;
después con Hamete cierra
el temerón de Conil.

Traía un ancho listón
con uno y otro matiz
hecho un lazo por airón
sobre la enhiesta cerviz
clavado con un arpón.

Todo galán pretendía
ofrecerle vencedor
a la dama que servía;
por eso perdió Almanzor
el potro que más quería.

El alcaide, muy zambrero,
de Guadalajara, huyó
mal herido a golpe fiero,
y desde un caballo overo
el moro de Horche cayó.

Todos miran a Aliatar,
que, aunque tres toros ha muerto,
no se quiere aventurar,
porque en lance tan incierto
el caudillo no ha de entrar.

Mas viendo se culparía,
va a ponérsele delante:
la fiera le acometía,
y sin que el rejón le plante
me mató una yegua pía.

Otra monta acelerado:
le embiste el toro de un vuelo
cogiéndole entablerado;
rodó el bonete encarnado

con las plumas por el suelo.

Dio vuelta hiriendo y matando,
a los de a pie que encontrara,
el circo desocupando,
y emplazándose, se para,
con la vista amenazando.

Nadie se atreve a salir;
la plebe grita indignada,
las damas se quieren ir,
porque la fiesta empezada
no puede ya proseguir.

Ninguno al riesgo se entrega
y está en medio el toro fijo,
cuando un portero que llega
de la puerta de la Vega
hincó la rodilla y dijo:

«Sobre un caballo alazano,
cubierto de galas y oro,
demanda licencia, urbano,
para alancear un toro
un caballero cristiano.»

Mucho le pesa a Aliatar;
pero Zaida dio respuesta
diciendo que puede entrar,
porque en tan solemne fiesta
nada se debe negar.

Suspenso el concurso entero
entre dudas se embaraza,

cuando en un potro ligero
vieron entrar en la plaza
a un bizarro caballero.

Sonrosado, albo color,
belfo labio, juveniles
alientos, inquieto ardor,
en el florido verdor
de sus lozanos abriles.

Cuelga la rubia guedeja
por donde el almete sube,
cual mirarse tal vez deja
del sol la ardiente madeja
entre cenicienta nube.

Gorguera de anchos follajes,
de una cristiana primores,
en el yelmo los plumajes,
por los visos y celajes,
vergel de diversas flores.

En la cuya, gruesa lanza,
con recamado pendón,
y una cifra a ver se alcanza
que es de desesperación,
o al menos de venganza.

En el arzón de la silla
ancho escudo reverbera
con blasones de Castilla,
y el mote dice a la orilla:
*Nunca mi espada venciera.*

Era el caballo galán,
el bruto más generoso,
de más gallardo ademán:
cabos negros, y brioso,
muy tostado y alazán.

Larga cola recogida
en las piernas descarnadas,
cabeza pequeña, erguida,
las narices dilatadas,
vista feroz y encendida.

Nunca en el ancho rodeo
que da Betis con tal fruto
pudo fingir el deseo
más bella estampa de bruto,
ni más hermoso paseo.

Dio la vuelta al rededor;
los ojos que le veían
llevan prendados de amor:
«¡Alah te salve!, decían;
¡déte el profeta favor!»

Causaba lástima y grima
su tierna edad floreciente;
todos quieren que se exima
del riesgo, y él solamente
ni recela ni se estima.

Las doncellas, al pasar,
hacen de ámbar y alcandor
pebeteros exhalar,
vertiendo pomos de olor,

de jazmines y de azahar.

Mas cuando en medio se para,
y de más cerca le mira
la cristiana esclava Aldara,
con su señora se encara,
y así le dice, y suspira:

«Señora, sueños no son,
así los cielos, vencidos
de mi riuego y aflicción,
acerquen a mis oídos
las campanas de León,

como ese doncel que, ufano,
tanto asombro viene a dar
a todo el pueblo africano,
es Rodrigo de Vivar,
el soberbio castellano.»

Sin descubrirle quién es,
la Zaida desde una almena
le habló una noche cortés,
por donde se abrió después
el cubo de la Almudena.

Y supo que, fugitivo,
de la corte de Fernando,
el cristiano, apenas vivo,
está a Jimena adorando
y en su memoria cautivo.

Tal vez a Madrid se acerca
con fecuentes correrías

y todo en torno la cerca;
observa sus saetías,
arroyadas y ancha alberca.

Por eso le ha conocido,
que en medio de aclamaciones
el caballo ha detenido
delante de sus balcones
y la saluda rendido.

La mora se pone en pie
y sus doncellas detrás;
el alcaide que lo ve,
enfurecido además,
muestra cuán celoso esté.

Suena un rumor placentero
entre el vulgo de Madrid:
«No habrá mejor caballero,
dicen, en el mundo entero»,
y algunos le llaman Cid.

Crece la algazara, y él
torciendo las riendas de oro,
marcha al combate cruel;
alza el galope, y al toro
busca en sonoro tropel.

El bruto se le ha encarado
desde que le vio llegar,
de tanta gala asombrado,
y alrededor ha observado
sin moverse de un lugar.

Cual flecha se disparó
despedida de la cuerda,
de tal suerte le embistió;
detrás de la oreja izquierda
la aguda lanza le hirió.

Brama la fiera burlada;
segunda vez acomete,
de espuma y sudor bañada,
y segunda vez le mete
sutil la punta acerada.

Pero ya Rodrigo espera,
el pueblo, mudo y atento;
con heroico atrevimiento,
se engalla el toro y altera,
y finge acometimiento.

La arena escarba, ofendido,
sobre la espalda la arroja
con el hueso retorcido;
el suelo huele y le moja
en ardiente resoplido.

La cola inquieto menea,
la diestra oreja mosquea,
vase retirando atrás
para que la fuerza sea
mayor, y el ímpetu más.

El que en esta ocasión viera
de Zaida el rostro alterado,
claramente conociera

cuanto le cuesta cuidado
el que tanto riesgo espera.

Mas, ¡ay, que le embiste, horrendo
el animal espantoso!
Jamás peñasco tremendo
del Cáucaso cavernoso,
se desgaja estrago haciendo,

ni llama fulminante
cruza en negra oscuridad
con relámpagos delante,
al estrépito tronante
de sonora tempestad,

como el bruto se abalanza
con terrible ligereza;
mas rota con gran pujanza
la alta nuca, la fiereza
y el último aliento lanza.

La confusa vocería
que en tal instante se oyó
fue tanta, que parecía
que honda mina reventó,
o el monte y valle se hundía.

A caballo, como estaba,
Rodrigo, el lazo alcanzó
con que el toro se adornaba:
en su lanza lo clavó
y a los balcones llegaba.

Y alzándose en los estribos

le alarga a Zaida, diciendo:
«Sultana, aunque bien entiendo
ser favores excesivos,
mi corto don admitiendo;

si no os dignáredes ser
con él benigna, advertid
que a mí me basta saber
que no lo debo ofrecer
a otra persona en Madrid.»

Ella, el rostro placentero,
dijo, y turbada: «Señor,
yo le admiro y le venero,
por conservar el favor
de tan gentil caballero.»

Y besando el rico don,
para agradar al doncel,
le prende con afición
al lado del corazón
por brinquiño y por joyel.

Pero Aliatar el caudillo,
de envidia ardiendo se ve,
y, trémulo y amarillo,
sobre un tremecén rosillo
lozaneándose fue,

y en ronca voz: «Castellano,
le dice, con más decoros
suelo yo dar de mi mano,
si no penachos de toros,
las cabezas del cristiano.

Y si vinieras de guerra
cual vienes de fiesta y gala,
vieras que en toda la tierra
al valor que dentro encierra
Madrid, ninguno de iguala.»

«Así, dijo el de Vivar,
respondo», y la lanza al ristre
pone, y espera a Aliatar;
mas, sin que nadie administre
orden, tocaron a armar.

Ya fiero bando con gritos
su muerte o prisión pedía,
cuando se oyó en los distritos
del monte de Leganitos
del Cid la trompetería.

Entre la Monclova y Soto
tercio escogido emboscó,
que, viendo como tardó,
se acerca, oye el alborozo,
y al muro se abalanzó.

Y si no vieran salir
por la puerta a su señor,
y a Zaida a le despedir,
iban la fuerza a embestir:
tal era ya su furor.

El alcaide, recelando
que en Madrid tenga partido,
se templó disimulando,
y por el parque florido

salió con él razonando.

Y es fama que, a la bajada,
juró por la cruz el Cid
de su vencedora espada
de no quitar la celada
hasta que gane Madrid.

NICOLÁS FERNÁNDEZ DE MORATÍN<br>(1737-1780)


## *SABER SIN ESTUDIAR*

Admiróse un portugués
de ver que en su tierna infancia
todos los niños en Francia
supiesen hablar francés.
«Arte diabólica es»,
dijo, torciendo el mostacho,
«que para hablar en gabacho,
un fidalgo en Portugal
llega a viejo, y lo habla mal;
y aquí lo parla un muchacho.»

NICOLÁS FERNÁNDEZ DE MORATÍN<br>(1737-1780)

## A VENUS

Madre divina del alado niño,
oye mis ruegos, que jamás oíste
otra tan triste lastimosa pena
    como la mía.
Baje tu carro desde el alto Olimpo
entre las nubes del sereno cielo,
rápido vuelo traiga tu querida
    blanca paloma.
No te detenga con amantes brazos
Marte, que deja su rigor al verte,
ni el que por muerte se llamó tu esposo
    sin merecerlo.
Ni las delicias de las sacras mesas,
cuando a los dioses, lleno de ambrosía,
alegre brinda Jove con la copa,
    de Ganímedes.
Ya el eco suena por los altos trechos
del noble alcázar, cuyo piso huellas,
lleno de estrellas, de luceros lleno
    y tachonado.
Cerca del ara de tu templo, en Pafos,
entre los himnos que tu pueblo dice,
este infelice tu venida aguarda;
    baja volando.
Sobre tus aras mis ofrendas pongo,
testigo el pueblo, por mi voz llamado,
y concertado con mi tono el suyo
    te llaman madre.
Alzo los ojos al verter el vaso
de leche blanca y el de miel sabrosa;
ciño con rosa, mirtos y jazmines
    esta mi frente...

Ya, Venus, miro resplandor celeste
bajar al templo; tu belleza veo;
ya mi deseo coronaste, ¡oh madre,
 madre de amores!
Vírgenes tiernas, niños y matronas,
ya Venus llega, vuestra diosa viene;
el aire sube con alegres himnos,
 júbilo santo...

JOSÉ CADALSO
(1741-1782)

## *ANACREONTICA*

¿Quién es aquel que baja
por aquella colina,
la botella en la mano,
en el rostro la risa,
de pámpanos y hiedra
la cabeza ceñida,
cercado de zagales,
rodeado de ninfas,
que al son de los panderos
dan voces de alegría,
celebran sus hazañas,
aplauden su venida?
Sin duda será Baco,
el padre de las viñas.
Pues no, que es el poeta
autor de esta letrilla.

> JOSÉ DE CADALSO
> (1741-1782)

## *EL LEON*

Cierto artífice pintó
una lucha en que, valiente,
un hombre tan solamente
a un horrible león venció.
Otro león, que el cuadro vio,
sin preguntar por su autor,
en tono despreciador

dijo: *Bien se deja ver
que es pintar como querer,
y no fue león el pintor.*

FÉLIX MARÍA SAMANIEGO
(1745-1801)

## *LETRILLA SATIRICA*

En eso de que por tema
de no ceder a ninguno,
sin esperar premio alguno,
me ponga con mucha flema
a escribir un gran poema,
como el pobretón del Tasso,
      paso.

Mas que por diversión
se suelte mi tarabilla
en cantar una letrilla
donde saque a colación
tanto esposo chivatón
como a cada paso encuentro,
      entro.

Que yo cual camaleón
esté a un gran sofí adulando,
mil sobardas pasando
por lograr mi pretensión,
cautivo de la ambición,
de sueño y de gusto escaso,
      paso.

Mas que en mis gustos ame
donde hallo fortuna cierta,
y cuando más me divierta,
ningún cuidado me llame,
pues buey suelto bien se lame
por de fuera y por de dentro,
    entro.

Que quieran que a una función
vaya yo en diciembre helado,
a beber, de convidado,
agua de agraz y limón
que dejan mi corazón
tan helado como el vaso,
    paso.

Pero que con mi vecino
y otros amigos, de broma,
sentado en un corro coma
buenas lonjas de tocino,
y un gran pellejo de vino
haya por copa en el centro,
    entro.

En que vestido de gala
dance yo serio y sin que hable
a las damas de la sala,
pues me echarán noramala
si a algo de esto me propaso,
    paso.

Mas en el ir a enredar
a los bailes de candil,
donde pueda yo entre mil

con las chicas retozar,
apagar la luz, y andar
a ésta cojo, a la otra encuentro,
entro.

JOSÉ IGLESIAS DE LA CASA
(1748-1791)

*CABALLERITO DE ESTOS TIEMPOS*

Levántome a las mil, como quien soy.
Me lavo. Que me vengan a afeitar.
Traigan el chocolate, y a peinar.
Un libro... Ya leí. Basta por hoy.

Si me buscan, que digan que no estoy...
Polvos... Venga el vestido verdemar...
¿Si estará ya la misa en el altar?...
¿Han puesto la berlina? Pues me voy.

Hice ya tres visitas. A comer...
Traigan barajas. Ya jugué. Perdí...
Pongan el tiro. Al campo, y a correr...

Ya doña Eulalia esperará por mí...
Dio la una. A cenar, y a recoger...
«¿Y es éste un racional?» «Dicen que sí.»

TOMÁS DE IRIARTE
(1750-1791)

## *EL BURRO FLAUTISTA*
(Fábula)

Cerca de unos prados
que hay en mi lugar
pasaba un borrico
*por casualidad.*
Una flauta en ellos
halló que un zagal
se dejó olvidada
*por casualidad.*
Acercóse a olerla
el dicho animal,
y dió un resoplido
*por casualidad.*
En la flauta el aire
se hubo de colar,
y sonó la flauta
*por casualidad.*
«¡Oh!, dijo el borrico,
¡qué bien sé tocar!
¿Y dirán que es mala
la música asnal?»
Sin reglas del arte
borriquitos hay
que una vez aciertan
*por casualidad.*

Tomás de Iriarte
(1750-1791)

## *EL SOMBRERERO*

A los pies de un devoto franciscano
se postró un penitente. —Diga, hermano:
¿qué oficio tiene? —Padre, sombrerero.
—¿Y qué estado? —Soltero.
—¿Y cuál es su pecado dominante?
—Visitar una moza. —¿Con frecuencia?
—Padre mío, bastante.
—¿Cada mes? —Mucho más. —¿Cada semana?
—Aun todavía más. —¡Ya! ¿Cotidiana?
—Hago dos mil propósitos sinceros,
pero... —Explíquese, hermano, claramente:
¿dos veces al día? —Justamente.
—¿Pues cuándo diablos hace los sombreros?

Tomás de Iriarte
(1750-1791)

## *ELEGIA A LAS MUSAS*

Esta corona, adorno de mi frente,
esta sonante lira y flautas de oro
y máscaras alegres, que algún día
me disteis, sacras Musas, de mis manos
trémulas recibid, y el canto acabe,
que fuera osado intento repetirle.
He visto ya cómo la edad ligera,
apresurando a no volver las horas,
robó con ellas su vigor al numen.
Sé que negáis vuestro favor divino

a la cansada senectud, y en vano
fuera implorarle; pero en tanto, bellas
ninfas, del verde Pindo habitadoras,
no me neguéis que os agradezca humilde
los bienes que os debí. Si pude un día,
no indigno sucesor de nombre ilustre,
dilatarle famoso, a vos fue dado
llevar al fin mi atrevimiento. Sólo
pudo bastar vuestro amoroso anhelo
a prestarme constancia en los afanes
que turbaron mi paz, cuando insolente,
vano saber, enconos y venganzas,
codicia y ambición la patria mía
abandonaron a civil discordia.
Yo vi del polvo levantarse audaces
a dominar y perecer tiranos,
atropellarse efímeras leyes,
y llamarse virtudes los delitos.
Vi las fraternas armas nuestros muros
bañar en sangre nuestra, combatirse,
vencido y vencedor, hijos de España,
y el trono desplomándose al vendido
ímpetu popular. De las arenas
que el mar sacude en la fenicia Gades,
a las que el Tajo lusitano envuelve
en oro y conchas, uno y otro imperio,
iras, desorden esparciendo y luto,
comunicarse el funeral estrago.
Así cuando en Sicilia el Etna ronco
revienta incendios, su bifronte cima
cubre el Vesuvio en humo denso y llamas,
turba el Averno sus calladas ondas;
y allá del Tibre en la ribera etrusca
se estremece la cúpula soberbia,

que da sepulcro al sucesor de Cristo.
¿Quién pudo en tanto horror mover el plectro?
¿Quién dar al verso acordes armonías,
oyendo resonar grito de muerte?
Tronó la tempestad; bramó iracundo
el huracán, y arrebató a los campos
sus frutos, su matiz; la rica pompa
destrozó de los árboles sombríos;
todas huyeron tímidas las aves
del blando nido, en el espanto mudas;
no más trinos de amor. Así agitaron
los tardos años mi existencia, y pudo
sólo en región extraña el oprimido
ánimo hallar dulce descanso y vida.
Breve será, que ya la tumba aguarda
y sus mármoles abre a recibirme;
ya los voy a ocupar... Si no es eterno
el rigor de los hados, y reservan
a mi patria infeliz mayor ventura,
dénsela presto, y mi postrer suspiro
será por ella... Prevenid en tanto
flébiles tonos, enlazad coronas
de ciprés funeral, Musas celestes;
y donde a las del mar sus aguas mezcla
el Garona opulento, en silencioso
bosque de lauros y menudos mirtos,
ocultad entre flores mis cenizas.

LEANDRO F. DE MORATÍN
(1760-1828)

## *PROCLAMA DE UN SOLTERON*

No quiero en fea público cilicio
ni belleza sin par ni quita-sueño:
antes que necia, venga un maleficio
y antes que docta, un toro jarameño.
Lejos de mí la que se incline al vicio;
lejos de mí, virtud de adusto ceño.
¿Pido peras al olmo? ¿Al sol celajes?
Ahora lo veredes, dijo Agrajes.

Yo busco una mujer boca de risa,
guardosa sin afán, franca sin tasa,
que al honesto festín vaya sin prisa,
y traiga entera su virtud y gasa:
no sepa si el sultán viste camisa,
mas sepa repasar las que hay en casa:
cultive flores, cuide pollas y cluecas,
despunte agujas y jorobe ruecas.

El padre director no la visite,
ni yo pague la farda en chocolate;
que roce poco y bien, riñas me evite;
no sea gazmoña ni con ellas trate;
sólo mentarla toros se espirite;
primo no tenga capitán ni abate;
probar el vino por salud lo intente;
pero ¿tomar tabaco? Aunque reviente.

Por quitá allá esas pajas, no alborote
la casa toda, ni oiga la vecina
si se pegó el guisado; nadie note
que habla al pobre marido con bocina:
Dulcinea la busco, no Quijote;

no haga gallo quien nació gallina.
Ponga el amor a sus vivezas dique,
sin que a fuerza de amor me crucifique.

Dulce no pruebe con goloso dedo
ni cace pulgas y ante mí las mate;
de cobarde ratón ni finja miedo
ni lucio gato mi cariño empate:
fuera doguito, que si erectu acedo
cuesta más mueca que la rima al vate.
¿No da toda mujer pícaros ratos
sin que traiga además perros y gatos?

De que nuestro vecino vaya o venga
jamás haga platillo a la ventana;
ni flatos gaste ni vapores tenga,
gimiendo sin cesar rolliza y sana:
al tocador los siglos no entretenga
y no almuerce a las mil de la mañana:
en paz las horas cuéntelas conmigo
una de amante, veintitrés de amigo.

De trato señoril, de porte serio,
procure sin afán la buena fama;
hya el descoco y aire de misterio;
sepa de burlas; odie la soflama;
no haga la niña; no hable con imperio,
y no viva en la calle ni en la cama,
ni la moda poniendo por escudo,
nadie estudie en sus carnes el desnudo.

Ni la sucia costumbre asaz frecuente
de cenar en la cama arrellanada
y mientras males al marido miente

*NEOCLASICISMO*

reprueba el guiso, riñe a la criada;
y ensarta Avemarías juntamente,
todo al compás de grave cabezada;
pues glotona, devota, floja y bronca,
masca a un tiempo, murmura, reza y ronca.

¿Y qué diré de la que a trochemoche
de su gran dote sin cesar blasona,
rompe galas sin fin, vive en el coche
luciendo en todas partes su persona;
de visita en función mañana y noche
locuras con locuras eslabona,
derrochando sin término ni cuenta
y porque trajo seis gasta sesenta?

No en mis días sufrir la extravagancia
de que falsa española se me engringue,
que hasta el pan y turrón quiera de Francia;
que con París me muela y me jeringue,
y a flaca bolsa chupe la sustancia,
el modista francés, monsieur La-Pringue.
Seda de Murcia, paño de Segovia,
mantel gallego... ¿No? Pues vade, novia.

Marimacho no luzca en un caballo
en su rollizo muslo pantalones;
de ningún tribunal me explique el fallo,
ni por sólo intrigar suba escalones,
ni de escribir sus dedos críen callos
por tener hasta en China conexiones;
pues más quisiera al mes un galanteo
que no oírla exclamar: ¡Juan! ¿Qué, correo?

Trague la mar la falsa zalamera

que dice, relamida: «Esposo mío,
¿ves aquel nubarrón? No salgas fuera,
guarda la cama mientras quiebra el frío.
¡Plugiese al cielo que por ti tosiera!
No más prado, mi bien; ya cae rocío».
Y de envidia se come y se remuerde
si al paso encuentras una viudita verde.

Tampoco sabijona. ¡Dios me guarde!
Asco de la mujer sobre un «in folio»,
la que a Plauto comenta, y hace alarde
de ilustrar a Terencio en un escolio;
la que cita a Nasón mañana y tarde,
apostillando a Grevio y a Nizolio,
vaya, si gusta, con Ovidio al Ponto
y busque entre los Getas algún tonto.

¿De nada ha de hacer gala? —Sí: de juicio.
¿No ha de tomar noticias? —De sus eras.
¿Jamás ha de leer? —No por oficio.
¿No podrá disputar? —Nunca de veras.
¿No es virtud el valor? —En ellas, vicio.
¿Cuáles son sus faenas? —Las caseras.
Que no hay manjar que cause más empacho
que mujer transformada en marimacho.

Quédese, que ya es tarde, en el tintero
la que al de Padua lo zambulle al pozo,
la que enjalbelga el arrugado cuero,
la que con vidrio y pez se rapa el bozo,
la que trece no sienta a su puchero,
la que el rosario toma en cuenta al mozo,
la que reza en latín sin saber jota,
o hace de linda siendo una marmota.

*NEOCLASICISMO*

La que escudriña toda ajena casta,
la que come carbón y cal merienda,
la que el habano fuma y rejón gasta,
la que de rifa en rifa lleva prenda,
la que en reír es agua por canasta,
la que no compra y va de tienda en tienda,
la que cura los males por ensalmo
y siembra chismes mil en medio palmo.

La que al marido más que al mozo sisa,
la que engulle sin él, con él no cena,
la que siempre sentada está de prisa,
la que sale a semana por novena,
la que atranca a pillar la última misa,
la que lleva en la bolsa una alacena,
la que escabecha el pelo por la noche
y se charola el rostro como un coche.

Mas, ¿quién es el guapo que a contar se atreve
sus gracias todas? Con menor faena
dirá las gotas que un invierno llueve
y del cerúleo mar la rubia arena
Confieso, porque el diablo no me lleve,
que es un ángel mujer que sale buena.
¡Así el cielo de allá me la enviara
de veinte abriles y donosa y cara!

JOSÉ VARGAS PONCE
(1760-1821)

## *A ESPAÑA, DESPUÉS DE LA REVOLUCIÓN DE MARZO*

(Fragmentos)

¿Qué era, decidme, la nación que un día
reina del mundo proclamó el Destino,
la que a todas las zonas extendía
su cetro de oro y su blasón divino?
Volábase a Occidente,
y el vasto mar Atlántico sembrado
se hallaba de su gloria y su fortuna.
Doquiera España; en el preciado seno
de América; en el Asia, en los confines
del Africa, allí España. El soberano
vuelo de la atrevida fantasía
para abarcarla se cansaba en vano;
la tierra sus mineros le rendía,
sus perlas y coral el Océano.
Y donde quiera que revolver sus olas
él intentase, a quebrar su furia
siempre encontraba costas españolas.
Ora en el cieno del oprobio hundida,
abandonada a la insolencia ajena,
como esclava en mercado, ya aguardaba
la ruda argolla y la servil cadena.

. . . . . . . . . . . .

Despertad, raza de héroes; el momento
llegó ya de arrojarse a la victoria:
que vuestro nombre eclipse nuestro nombre,
que vuestra gloria humille nuestra gloria.
No ha sido en el gran día

el altar de la patria alzado en vano
por vuestra mano fuerte.
Juradlo, ella os lo manda: «¡Antes la muerte
que consentir jamás ningún tirano!»

Sí, yo lo juro, venerables sombras;
yo lo juro también, y en este instante
ya me siento mayor. Dadme una lanza,
ceñidme el casco fiero y refulgente;
volemos al combate, a la venganza;
y el que niegue su pecho a la esperanza,
hunda en el polvo la cobarde frente.
Tal vez el gran torrente
de la devastación en su carrera
me llevará. ¿Qué importa? ¿Por ventura
no se muere una vez? ¿No iré, expirando,
a encontrar nuestro ínclitos mayores?
«¡Salud, oh padres de la patria mía,
yo les diré, salud! La heroica España,
de entre el estrago universal y horrores
levanta la cabeza ensangrentada
y, vencedora de su mal destino,
vuelve a dar a la tierra amedrentada
su cetro de oro y su blasón divino.»

MANUEL JOSÉ QUINTANA
(1772-1857)

## AL SUEÑO

### El himno del desgraciado

> «*El grande y el pequeño*
> *iguales son lo que les dura el sueño*»

Desciende a mí, consolador Morfeo,
único dios que imploro,
antes que muera el esplendor febeo
sobre las playas del adulto moro.

Y en tu regazo el importuno día
me encuentre aletargado,
cuando triunfante de la niebla umbría
asciende al trono del cénit dorado.

Pierda en la noche y pierda en la mañana
tu calma silenciosa
aquel feliz que en el lecho de oro y grana
estrecha al seno la adorada esposa.

Y el que halagado con los dulces sones
de Pluto y de Citeres,
las que a la tarde fueron ilusiones,
a la aurora verá ciertos placeres.

No halle jamás la matutina estrella
en tus brazos rendido
el que bebió en los labios de su bella
el suspiro de amor correspondido.

¡Ah!, déjalos que gocen. Tu presencia
no turbe su contento;
que es perpetua delicia su existencia
y un siglo de placer cada momento.

Para ellos nace, el orbe colorando,
la sonrosada aurora,
y el ave sus amores va cantando

y la copla de Abril derrama Flora.
   Para ellos tiende su brillante velo
la noche sosegada,
y de trémula luz esmalta el cielo,
y da al amor la sombra deseada.
   Si el tiempo del placer para el dichoso
huye en veloz carrera,
une con breve y plácido reposo
las dichas que ha gozado a las que espera.
   Más, ¡ay!, a un alma del dolor guarida
desciende ya propicio;
cuanto me quites de la odiosa vida,
me quitarás de mi inmortal suplicio.
   ¿De qué me sirve el súbito alborozo
que a la aurora resuena,
si al despertar el mundo para el gozo,
sólo despierto yo para la pena?
   ¿De qué el ave canora, o la verdura
del prado que florece,
si mis ojos no aminoran su hermosura,
y el universo para mí enmudece?
   El ámbar de la vega, el blando ruido
con que el raudal se lanza,
¿qué son, ¡ay!, para el triste que ha perdido,
último bien del hombre, la esperanza?
   Girará en vano, cuando el sol se ausente,
la esfera luminosa;
en vano, de almas tiernas confidente,
los campos bañará la luna hermosa.
   Esa blanda tristeza que derrama
a un pecho enamorado,
si su tranquila amortiguada llama
resbala por las faldas del collado,
   no es para un corazón de quien ha huído

la ilusión lisonjera,
　　cuando pidió, del desengaño herido,
　　su triste antorcha a la razón severa.
　　　Cortando el hilo a mi acerba desventura,
　　oh tú, sueño piadoso;
　　que aquellas horas que tu imperio dura
　　se iguala el infeliz con el dichoso.
　　　Ignorada de sí yazca mi mente,
　　y muerto mi sentido;
　　empapa el ramo, para herir mi frente,
　　en las tranquilas aguas del olvido.
　　　De la tumba me iguale tu beleño
　　a la ceniza yerta,
　　sólo, ¡ay de mi!, que del eterno sueño,
　　más felice que yo, nunca despierta.
　　　Ni aviven mi existencia interrumpida
　　fantasmas voladores,
　　ni los sucesos de mi amarga vida
　　con tus pinceles lánguidos colores.
　　　No me acuerdes cruel de mi tormento
　　la triste imagen fiera;
　　bástale su malicia al pensamiento,
　　sin darle tú el puñal para que hiera.
　　　Ni me halagues con pérfidos placeres,
　　que volarán contigo;
　　y el dolor de perderlos cuando huyeres
　　de atreverme a gozar será el castigo.
　　　Deslízate callado, y encadena
　　mi ardiente fantasía;
　　que asaz libre será la pena
　　cuando me entregues a la luz del día.

*NEOCLASICISMO*

Ven, termina la mísera querella
de un pecho acongojado.
¡Imagen de la muerte! Después de ella
eres el bien mayor del desgraciado.

ALBERTO LISTA
(1775-1848)

## *SEGUIDILLAS*

Yo le digo a mi ingrata
tierno y rendido:
«¿Cuándo serán favores
tantos desvaríos?»
Y ella responde:
«Cuando olvide que saben
mentir los hombres.»

ALBERTO LISTA
(1773-1848)

# El romanticismo
(Siglo XIX)

## *BLANCA FLOR*
(Canción romántica)

¿A qué puertas y ventanas
clavar con tanto rigor,
si de par en par abiertas
tengo las del corazón?

Así con su madre a solas
lamenta su reclusión
la bella niña cenceña,
la del quebrado color,
de amargo llanto los ojos,
el pecho lleno de amor,
*y de par en par abiertas*
*las puertas del corazón.*

¡Madre, la mi madre, dice,
madre de mi corazón,
nunca yo al mundo naciera,
pues tan sin ventura soy!
Atended a las mis cuitas,
habed de mí compasión,
*y de par en par abridme*
*las puertas del corazón.*

Yo me levantara un día
cuando canta el ruiseñor,
el mes era de las flores,
a regar las del balcón.

Un caballero pasara
y me dijo: «*¡Blanca flor!*»
*Y de par en par abrióme
las puertas del corazón.*

Si blanca, su decir dulce
colorada me paró;
yo callé, pero miréle,
¡nunca le mirara yo!,
que de aquel negro mirar
me abraso en llama de amor;
*y de par en par abrí
las puertas del corazón.*

Otro día, a la alborada,
me cantara esta canción:
«¿Dónde estás, la blanca niña,
blanco de mi corazón?»,
en laúd con cuerdas de oro
y de regalado son,
*que de par en par me abriera
las puertas del corazón.*

Yo le quiero bien, mi madre,
(¡no me lo demande Dios!),
quiérole de buen querer,
que de otra manera no.
Si el querer bien es delito,
muchas las culpadas son,

*que de par en par abrieron*
*las puertas del corazón.*

Vos, madre, mal advertida,
me claváis reja y balcón;
claváis, madre, norabuena:
mas de esto os aviso yo,
cada clavo que claváis
es una flecha de amor,
*que de par en par me pasa*
*las telas del corazón.*

Yo os obedezco sumisa,
y no me asomo al balcón:
«¿Que no hable?» —Yo no hablo.
«¿Que no mire?» —¿Miro yo?
Pero «que le olvide», madre...,
madre mía, olvidar no;
*que de par en par le he abierto*
*las puertas del corazón.*

En fin, vos amasteis, madre,
señora abuela riñó:
mas por fin vos os velasteis
y a la fin nací yo.
Si vos reñís, como abuela,
yo amo cual amasteis vos
*al que abrí de par en par*
*las puertas del corazón.*

BARTOLOMÉ JOSÉ GALLARDO
(1776-1852)

## *ELEGIA A LA MUERTE*
## *DE LA DUQUESA DE FRIAS*

(Fragmentos)

Al sonante bramido
del piélago feroz que el viento ensaña
lanzando atrás del Turia la corriente;
en medio al denegrido
cerco de nubes que de Sirio empaña
cual velo funeral la roja frente;
cuando el cárabo oscuro
ayes despide entre la breña inculta,
y a tardo paso soñoliento Arturo
en el mar de Occidente se sepulta;
a los mustios reflejos
con que en las ondas alteradas tiembla
de moribunda luna el rayo frío,
daré del mundo y de los hombres lejos
libre rienda al dolor del pecho mío.

Si, que al mortal a quien del hado el ceño
a infortunios sin térmico condena,
sobre su cuello mísero cargando
de uno en otro eslabón larga cadena,
no en jardín halagüeño,
ni al puro ambiente de apacible aurora
soltar conviene lastimero canto
con que al cielo importuna.
Solitario arenal, sangrienta luna
y embravecidas olas acompañen
sus lamentos fatídicos. ¡Oh lira
que escenas sólo de aflicción recuerdas,
lira que ven mis ojos con espanto
y a recorrer tus cuerdas

mi ya trémula mano se resiste!
Ven, lira del dolor. ¡Piedad no existe!

. . . . . . . . . . .

¿Por qué, por qué a la tumba
insaciable de víctimas, tu amigo
antes que tú no descendió, señora?
¿Por qué al menos contigo
la memoria fatal no te llevaste,
que es un tormento irresistible ahora?
¿Qué mármol hay que pueda
en tan acerba angustia los aciagos
recuerdos resistir el bien perdido?
Aun resuena en mi oído
el espantoso obús lanzando estragos,
cuando mis ojos ávidos te vieron
por la primera vez. Cien bombas fueron
a tu arribo marcial salva triunfante.
Con inmóvil semblante
escucho amedrentado el son horrendo
de los globos mortíferos, en torno
del leño frágil a tus pies cayendo,
y el agua que a su empuje se encumbraba
y hasta las altas grímpolas saltaba.

. . . . . . . . . . .

En el mezquino lecho
de cárcel solitaria,
fiebre lenta y voraz me consumía,
cuando sordo a mis quejas
rayaba apenas en las altas rejas
el perezoso albor del nuevo día.
De planta cautelosa
insólito rumor hiere mi oído;

los vacilantes ojos
clavo en la ruda puerta estremecido
del súbito crujir de sus cerrojos,
y el repugnante gesto
del fiero alcaide mi atención excita,
que hacia mí sin cesar su mano agita
con labio mudo y sonreír funesto.
Salto del lecho y sígole azorado,
cruzando los revueltos corredores
de aquella triste y lóbrega caverna
hasta un breve recinto iluminado
de moribunda y fúnebre linterna.

. . . . . . . . . . . . .

A más alto poder, mísero amigo,
los ojos torna y el clamor dirige
que entre sollozos lúgubres exhalas,
al Ser inmenso que los orbes rige,
en las rápidas alas
de ferviente oración remonta el cielo.
Yo elevaré contigo
mis tiernos votos, y al gemir de aquella
que en mis brazos creció, cándida niña,
trasunto vivo de tu esposa bella,
dará benigno el cielo
paz a su madre, a tu aflicción consuelo.
Sí; que hasta el solio del Eterno llega
el ardiente suspiro
de quien con puro corazón le ruega,
como en su templo santo el humo sube
del balsámico incienso en vaga nube.

JUAN NICASIO GALLEGO
(1777-1853)

## *LA APARICION DE VENUS*

De pompa ceñida bajó del Olimpo
la Diosa que en fuego mi pecho encendió;
sus ojos azules, de azul de los cielos,
su rubio cabello de rayos de sol.

Al labio y mejilla carmín dio la aurora;
dio el alba a la frente su blando color;
y al pecho de nieve su brillo argentado
la cándida senda que Juno formó.

En trono de nácar la luna de agosto,
el iris de mayo tras nube veloz,
y el fértil otoño la lluvia primera,
tan gratas al alma, tan dulces no son.

No tanto me asombra del mar el bramido,
de horrísonos truenos el ronco fragor,
y el rayo rasgando la cóncava nube,
cual temo sus iras, su adusto rigor...

Mas ¡ay! que los vientos ya baten las alas;
ya el carro de nubes apresta el Amor;
ya Céfiro riza la pluma a los cisnes;
y en coro levantan las Gracias su voz:

Cual rápida estrella que cruza los aires,
cual fúlgida aurora que el polo alumbró,
fugaz desaparece la plácida Diosa,
y el orbe se cubre de luto y dolor.

FRANCISCO MARTÍNEZ DE LA ROSA
(1787-1862)

## UN CASTELLANO LEAL

### Romance Segundo

En una anchurosa cuadra
del Alcázar de Toledo,
cuyas paredes adornan
ricos tapices flamencos,

al lado de una gran mesa,
que cubre de terciopelo
napolitano tapete
con borlones de oro y flecos;

ante un sillón de respaldo
que entre bordado arabesco
los timbres de España ostenta
y el águila del imperio,

de pie estaba Carlos Quinto,
que en España era primero,
con gallardo y noble talle,
con noble y tranquilo aspecto.

De brocado de oro y blanco
viste tabardo tudesco,
de rubias martas orlado,
y desabrochado y suelto,

dejando ver un justillo
de raso jalde, cubierto
con primorosos bordados
y costosos sobrepuestos,

y la excelsa y noble insignia
del Toisón de oro, pendiendo
de una preciosa cadena
en la mitad de su pecho.

Un birrete de velludo
con un blanco airón, sujeto
por un joyel de diamantes
y un antiguo camafeo,

descubre por ambos lados,
tanta majestad cubriendo,
rubio, cual barba y bigote,
bien atusado el cabello.

Apoyada en la cadera
la potente diestra ha puesto,
que aprieta dos guantes de ámbar
y un primoroso mosquero,

y con la siniestra halaga
de un mastín muy corpulento,
blanco y las orejas rubias,
el ancho y carnoso cuello.

Con el Condestable insigne,
apaciguador del reino,
de los pasados disturbios
acaso está discurriendo;

o del trato que dispone
con el rey de Francia preso,
o de asuntos de Alemania
agitada por Lutero;

cuando un tropel de caballos
oye venir a lo lejos
y ante el alcázar pararse,
quedando todo en silencio.

En la antecámara suena
rumor impensado luego,
ábrese al fin la mampara
y entra el de Borbón soberbio,

con el semblante de azufre
y con los ojos de fuego,
bramando de ira y de rabia
que enfrenta mal el respeto;

y con balbuciente lengua
y con mal borrado ceño,
acusa al de Benavente,
un desagravio pidiendo.

Del español Condestable
latió con orgullo el pecho,
ufano de la entereza
de su esclarecido deudo.

Y aunque advertido procura
disimular cual discreto,
a su noble rostro asoman
la aprobación y el contento.

El Emperador un punto
quedó indeciso y suspenso,
sin saber qué responderle
al fracés, de enojo ciego.

*EL ROMANTICISMO*

Y aunque en su interior se goza
con el proceder violento
del conde de Benavente,
de altas esperanzas lleno,

por tener tales vasallos,
de noble lealtad modelos,
y con los que el ancho mundo
será a sus glorias estrecho.

Mucho al de Borbón le debe
y es fuerza satisfacerlo:
le ofrece para calmarlo
un desagravio completo.

Y, llamando a un gentil-hombre,
con el semblante severo
manda que el de Benavente
venga a su presencia presto.

ANGEL SAAVEDRA (DUQUE DE RIVAS)<br>
(1791-1865)

*LETRILLAS SATIRICAS*

Tanta es, niña, mi ternura,
que no reconoce igual.
Si tuvieras un caudal
comparable a tu hermosura
de este rostro que bendigo,
*me casaría contigo.*

Eres mi bien y mi norte,
graciosa y tierna Clarisa,
y a tener tú menos prisa
de llamarme tu consorte,
pongo al cielo por testigo,
*me casaría contigo.*

¿Tú me idolatras? Convengo.
Y yo, que al verte me encanto,
si no te afanaras tanto
por saber qué sueldo tengo
y si cojo aceite o trigo,
*me casaría contigo.*

A no ser porque tus dengues
ceden sólo a mi porfía
cuando, necio en demasía,
para dijes y merengues
mi dinero te prodigo,
*me casaría contigo.*

A no ser porque recibes
instrucciones de tu madre,
y es forzoso que la cuadre
cuando me hablas o me escribes
o me citas al postigo,
*me casaría contigo.*

Si, cuando sólo al bandullo
regalas tosco gazpacho,
haciendo de todo empacho,
no tuvieras más orgullo
que en la horca don Rodrigo,
*me casaría contigo.*

Si después de estar casados,
en lugar de rica hacienda,
no esperase la prebenda
de tres voraces cuñados
y una suegra por castigo,
*me casaría contigo.*

Si, conjurando la peste
que llorar a tantos veo,
virtudes que en ti no creo
de cierto signo celeste
me pusiera al abrigo,
*me casaría contigo.*

Prende otro novio en tu jaula,
y Dios te de mil placeres;
porque yo, que sé quién eres
y he conocido la maula,
sin rebozo te lo digo:
*no me casaré contigo.*

MANUEL BRETÓN DE LOS HERREROS
(1796-1873)


## *LA ODALISCA*

¿De qué sirve a mi belleza
　　la riqueza,
pompa, honor y majestad,
si en poder de adusto moro
　　gimo y lloro
por la dulce libertad?

Luenga barba y torvo ceño
                tiene el dueño
que con oro me compró;
y al ver la fatal gumía
                que ceñía,
de sus besos temblé yo.

¡Oh, bien hayan los cristianos
                más humanos
que veneran una cruz,
y dan a sus nazarenas
                por cadenas
auras libres, clara luz!

Ellas al festín de amores
                llevan flores;
sin velo se dejan ver,
y en los cálices cristalinos
                beben vinos
que aconsejan el placer.

Tienen zambras con orquestas,
                y a sus fiestas
ricas en adornos van,
con el seno delicado
                mal guardado
de los ojos del galán.

Más valiera ser cristiana
                que sultana
con pena en el corazón
con un eunuco atezado
                siempre al lado
como negra maldición.

Dime, mar, que me aseguras
    brisas puras,
perlas y coral también,
si hay linfa en tu extensión larga
    más amarga
que mi lloro en el harén.

Dime, selva, si una esposa
    cariñosa
tiene dulce ruiseñor,
¿Por qué para sus placeres
    cien mujeres
tiene y guarda mi señor?

Decid, libres mariposas,
    que entre rosas
vagáis al amanecer,
¿por qué bajo llave dura
    sin ventura
gime esclava la mujer?

Dime, flor siempre besada,
    y halagada
del céfiro encantador,
¿por qué ha de pasar un día
    de agonía
sin un beso del amor?

Yo era niña, y a mis solas
    en las olas
mis delicias encontré;
de la espuma que avanzaba
    retiraba
con temor nevado pie.

Del mar el sordo murmullo
        fue mi arrullo
y el aura me adormeció:
¡Triste la que duerme y sueña
        sobre peña
que la espuma salpicó!

De la playa que cercaron
        me robaron
los piratas de la mar:
¡ay de la que en dura peña
        duerme y sueña,
si es cautiva al despertar!

Crudos son con las mujeres
        esos seres
que adoran el interés,
y tendidos sobre un leño
        toman sueño
con abismos a sus pies.

Conducida a su galera
        prisionera
fui cruzando el mar azul;
mucho lloré; sordos fueron;
        me vendieron
al sultán en Estambul.

El me llamó hurí de aroma
        que Mahoma
destinaba a su vergel;
de Alá gloria y alegría,
        luz del día,
paloma constante y fiel.

Vi en un murallado suelo,
     como un cielo
de hermosuras de jazmín,
cubiertas de ricas sedas,
     auras ledas
disfrutaban del jardín.

Unas padecían celos,
     y desvelos;
lograban otras favor;
quién por su desdén gemía,
     quién vivía
sin un goce del amor.

Mil esclavas me sirvieron,
     y pusieron
rico alfareme en mi sien;
pero yo siempre lloraba
     y exclamaba
con voz triste en el harén:

¿De qué sirve a mi belleza
     la riqueza
pompa, honor y majestad,
si en poder de adusto moro,
     gimo y lloro
mi perdida libertad?

PADRE JUAN AROLAS
(1805-1849)

## LOS VIAJES

Un pescador, vecino de Bilbao,
cogió, yo no sé dónde, un bacalao.
—¿Qué vas a hacer conmigo?
(el pez le preguntó con voz llorosa),
El respondió: —Te llevaré a mi esposa:
ella, con pulcritud y ligereza,
te cortará del cuerpo la cabeza;
negociaré después con un amigo,
y si me da por ti maravedises,
irás con él a recorrer países.
—¡Sin cabeza! ¡Ay de mí! (gritó el pescado),
y replicó discreto el vascongado:
—¿Por esa pequeñez te desazonas?
Pues hoy viajan así muchas personas.

JUAN EUGENIO HARTZENBUSCH
(1806-1880)

## CANCION DEL PIRATA

Con diez cañones por banda,
viento en popa a toda vela,
no corta el mar, sino vuela,
un velero bergantín:
bajel pirata que llaman,
por su bravura el *Temido,*
en todo mar conocido
del uno al otro confín.

La luna en el mar riela,
en la lona gime el viento,

y alza en blando movimiento
olas de plata y azul;
y ve el capitán pirata,
cantando alegre en la popa,
Asia a un lado; al otro, Europa;
y allá a su frente, Estambul.

«Navega, velero mío,
sin temor;
que ni enemigo navío,
ni tormenta, ni bonanza,
tu rumbo a torcer alcanza,
ni a sujetar tu valor.
  Veinte presas
  hemos hecho
  a despecho
  del inglés,
  y han rendido
  cien naciones
  sus pendones
  a mis pies.»

*Que es mi barco mi tesoro,*
*que es mi Dios la libertad,*
*mi ley la fuerza y el viento,*
*mi única patria la mar.*

 «Allá muevan feroz guerra
  ciegos reyes
por un palmo más de tierra;
que yo tengo aquí por mío
cuanto abarca el mar bravío,
a quien nadie impuso leyes.
  Y no hay playa

           sea cualquiera,
           ni bandera
           de esplendor
           que no sienta
           mi derecho
           y de pecho
           a mi valor.»
*Que es mi barco mi tesoro...*

«A la voz de '¡Barco viene!'
           es de ver
cómo vira y se previene
a todo trapo escapar;
que yo soy el rey del mar,
y mi furia es de temer.
           En las presas
           yo divido
           lo cogido
           por igual;
           sólo quiero
           por riqueza
           la belleza
           sin rival.»
*Que es mi barco mi tesoro...*

«¡Sentenciado estoy a muerte!
           Yo me río;
no me abandona la suerte
y al mismo que me condena
colgaré de alguna antena,
quizás en su propio navío.
           Y si caigo
           ¿qué es la vida?
           Por perdida

> ya la di,
> cuando el yugo
> del esclavo,
> como un bravo,
> sacudí.»

*Que es mi barco mi tesoro...*

«Son mi música mejor
> aquilones;
el estrépito y temblor
de los cables sacudidos,
del negro mar los bramidos
y el rugir de mis cañones.
> Y del trueno
> al son violento
> y del viento
> al rebramar
> yo me duermo
> sosegado
> arrullado
> por la mar.»

*Que es mi barco mi tesoro,*
*que es mi Dios la libertad,*
*mi ley la fuerza y el viento,*
*mi única patria la mar.*

JOSÉ DE ESPRONCEDA
(1808-1842)

## CANTO A TERESA

*Descansa en paz*

Bueno es el mundo, ¡bueno!, ¡bueno!, ¡bueno!
Como de Dios al fin obra maestra,
Por todas partes de delicias lleno,
De que Dios ama al hombre hermosa muestra.
Salga la voz alegre de mi seno
A celebrar esta vivienda nuestra;
¡Paz a los hombres! ¡Gloria en las alturas!
¡Cantad en vuestra jaula, criaturas!

*María*, por D. Miguel de los Santos Alvarez.

¿Por qué volvéis a la memoria mía,
tristes recuerdos del placer perdido,
a aumentar la ansiedad y la agonía
de este desierto corazón herido?
¡Ay!, que de aquellas horas de alegría
le quedó al corazón sólo un gemido,
y el llanto que al dolor los ojos niegan
lágrimas son de hielo que el alma anegan.

¿Dónde volaron, ¡ay!, aquellas horas
de juventud, de amor y de ventura,
regaladas de música sonoras,
adornadas de luz y de hermosura?
Imágenes de oro bullidoras.
Sus alas de carmín y nieve pura,
al sol de mi esperanza desplegando,
pasaban, ¡ay!, a mi alrededor cantando.

Gorjeaban los dulces ruiseñores,
el sol iluminaba mi alegría,
el aura susurraba entre las flores,

*EL ROMANTICISMO*

el bosque mansamente respondía,
las fuentes murmuraban sus amores...
¡Ilusiones que llora el alma mía!
¡Oh! ¡Cuán suave resonó en mi oído
el bullicio del mundo y su ruido!
 Mi vida entonces, cual guerrera nave
que el puerto deja por la vez primera,
y al soplo de los céfiros suave
orgullosa desplega su bandera,
 y al mar dejando a sus pies alabe
su triunfo en roncos cantos, va velera,
una ola tras otra bramadora
hollando y dividiendo vencedora.
 ¡Ay!, en el mar del mundo, en ansia ardiente
de amor volaba; el sol de la mañana
llevaba yo sobre mi tersa frente,
y el alma pura de su dicha ufana:
dentro de ella el amor, cual rica fuente
que entre frescuras y arboledas mana,
brotaba entonces abundante río
de ilusiones y dulce desvarío.
 Yo amaba todo: un noble sentimiento
exaltaba mi ánimo, y sentía
en mi pecho un secreto movimiento,
de grandes hechos generoso guía:
la libertad con su inmortal aliento,
santa diosa, mi espíritu encendía,
contigo imaginando en mi fe pura
sueños de gloria al mundo y de ventura.
 El puñal de Catón, la adusta frente
del noble Bruto, la constancia fiera
y el arrojo de Scévola valiente,
la doctrina de Sócrates severa,
la voz atronadora y elocuente

del orador de Atenas, la bandera
contra el tirano Macedonio alzando,
y al espantado pueblo arrebatando:
   el valor y la fe del caballero,
del trovador el arpa y los cantares,
del gótico castillo el altanero
antiguo torreón, do sus pesares
cantó tal vez con eco lastimero,
¡ay!, arrancada de sus patrios lares,
joven cautiva, al rayo de la luna,
lamentando su ausencia y su fortuna:
   el dulce anhelo del amor que aguarda
tal vez inquieto y con mortal recelo;
la forma bella que cruzó gallarda,
allá en la noche, entre medroso velo;
la ansiada cita que en llegar se tarda
al impaciente y amoroso anhelo,
la mujer y la voz de su dulzura,
que inspira al alma celestial ternura:
   a un tiempo mismo en rápida tormenta
mi alma alborotaban de continuo,
cual las olas que azota con violenta
cólera impetuoso torbellino:
soñaba al héroe ya, la plebe atenta
en mi voz escuchaba su destino;
ya al caballero, al trovador soñaba,
y de gloria y de amores suspiraba.
   Hay una voz secreta, un dulce canto,
que al alma sólo recogida entiende,
un sentimiento misterioso y santo,
que del barco al espíritu desprende;
agreste, vago y solitario encanto
que en inefable amor el alma enciende,
volando tras la imagen peregrina

*EL ROMANTICISMO*

el corazón de su ilusión divina.
  Yo, desterrado en extranjera playa,
con los ojos estático seguía
la nave audaz que en argentada raya
volaba al puerto de la patria mía:
yo, cuando en Occidente el sol desmaya,
sólo y perdido en la arboleda umbría,
oír pensaba el armonioso acento
de una mujer, al suspirar del viento.
  ¡Una mujer! En el templado rayo
de la mágica luna se colora,
del sol poniente al lánguido desmayo,
lejos entre las nubes se evapora;
sobre las cumbres que florece mayo
brilla fugaz al despuntar la aurora,
cruza tal vez por entre el bosque umbrío,
juega en las aguas del sereno río.
  ¡Una mujer! Deslízase en el cielo
allá en la noche desprendida estrella.
Si aroma el aire recogió en el suelo,
es el aroma que le presta ella.
Blanca es la nube que en callado vuelo,
cruza la esfera, y que su planta huella,
y en la tarde la mar olas le ofrece
de plata y de zafiro, donde se mece.
  Mujer que amor en su ilusión figura,
mujer que nada dice a los sentidos,
ensueño de suavísima ternura,
eco que regaló nuestros oídos;
de amor la llama generosa y pura
los goces dulces del amor cumplidos,
que engalana la rica fantasía,
goces que avaro el corazón ansía.
  ¡Ay!, aquella mujer, tan sólo aquélla,

tanto delirio a realizar alcanza,
y esa mujer tan cándida y tan bella
es mentida ilusión de la esperanza:
es el alma que vívida destella
su luz al mundo cuando en él se lanza,
y el mundo con su magia y galanura
es espejo no más de su hermosura.

    Es el amor que al mismo amor adora,
el que creó las Sílfides y Ondinas,
la sacra ninfa que bordando mora
debajo de las aguas cristalinas;
es el amor que recordando llora
las arboledas del Edén divinas:
amor de allí arrancado, allí nacido,
que busca en vano aquí su bien perdido.

    ¡Oh llama santa! ¡Celestial anhelo!
¡Sentimiento purísimo! ¡Memoria
acaso triste de un perdido cielo,
quizá esperanza de futura gloria!
¡Huyes y dejas llanto y desconsuelo!
¡Oh qué mujer! ¡Qué imagen ilusoria
tan pura, tan feliz, tan placentera,
brindó el amor a mi ilusión primera!...

    ¡Oh Teresa! ¡Oh dolor! __lágrimas mías,
¡ah! ¿dónde estáis, que no corréis a mares?
¿Por qué, por qué como en mejores días,
no consoláis vosotras mis pesares?
¡Oh!, los que no sabéis las agonías
de un corazón que penas a millares,
¡ay!, desgarraron y que ya no llora,
¡piedad tened de mi tormento ahora!

    ¡Oh dichosos mil veces, si dichosos
los que podéis llorar!, y ¡ay! sin ventura
de mí, que entre suspiros angustiosos

ahogar me siento en infernal tortura.
¡Retuércese entre nudos dolorosos
mi corazón, gimiendo de amargura!
También tu corazón, hecho pavesa,
¡ay!, llegó a no llorar, ¡pobre Teresa!

¿Quién pensara jamás, Teresa mía,
que fuera eterno manantial de llanto
tanto inocente amor, tanta alegría,
tantas delicias y delirio tanto?
¿Quién pensara jamás llegase un día
en que perdido el celestial encanto
y caída la venda de los ojos,
cuanto diera placer causara enojos?

Aun parece, Teresa, que te veo
aérea como dorada mariposa,
ensueño delicioso del deseo,
sobre tallo gentil temprana rosa,
del amor venturoso devaneo,
angélica, purísima y dichosa,
y oigo tu voz dulcísima, y respiro
tu aliento perfumado en tu suspiro.

Y aun miro aquellos ojos que robaron
a los cielos su azul, y las rosadas
tintas sobre la nieve, que envidiaron
las de mayo serenas alboradas:
y aquellas horas dulces que pasaron
tan breves, ¡ay!, como después lloradas,
horas de confianza y de delicias,
de abandono y de amor y de caricias.

Que así las horas rápidas pasaban,
y pasaba a la par nuestra ventura;
y nunca nuestras ansias las contaban,
tú embriagada en mi amor, yo en tu hermosura.
Las horas, ¡ay!, huyendo nos miraban,

llanto tal ver vertiendo de ternura;
que nuestro amor y juventud veían,
y temblaban las horas que vendrían.

    Y llegaron, en fin: ¡oh!, ¿quién impío,
¡ay!, agostó la flor de tu pureza?
Tú fuiste un tiempo cristalino río,
manantial de purísima limpieza;
después, torrente de color sombrío,
rompiendo entre peñascos y maleza,
y estanque, en fin de aguas corrompidas,
entre fétido fango detenidas.

    ¿Cómo caiste despeñado al suelo
astro de la mañana luminoso?
Angel de luz, ¿quién te arrojó del cielo
a este valle de lágrimas odioso?
Aun cercaba tu frente el blanco velo
del serafín, y en ondas fulguroso
rayos al mundo tu esplendor vertía,
y otro cielo el amor te prometía.

    Mas, ¡ay!, que es la mujer ángel caído,
o mujer nada más y lodo inmundo,
hermoso ser para llorar nacido,
o vivir como autómata en el mundo.
Sí, que el demonio en el Edén perdido
abrasara con fuego del profundo
la primera mujer, y, ¡ay!, aquel fuego
la herencia ha sido de sus hijos luego.

    Brota en el cielo del amor la fuente,
que a fecundar el universo mana,
y en la tierra su límpida corriente
sus márgenes con flores engalana:
mas, ¡ay!, huid: el corazón ardiente,
que el agua clara por beber se afana,
lágrimas verterá de duelo eterno,

que su raudal lo envenenó el infierno.
  Huid, si no queréis que llegue un día
en que enredada en retorcidos lazos
el corazón, con bárbara porfía
luchéis por arrancároslo a pedazos:
en que el cielo en histérica agonía
frenéticos alcéis entrambos brazos,
para en vuestra impotencia maldecirle,
y escupiros, tal vez, al escupirle,
  Los años, ¡ay!, de la ilusión pasaron,
las dulces esperanzas que trajeron
con sus blancos ensueños se llevaron,
y el porvenir de oscuridad vistieron:
las rosas del amor se marchitaron,
las flores en abrojos convirtieron,
y de afán tanto y tan soñada gloria
sólo quedó una tumba, una memoria.
¡Pobre Teresa! ¡Al recordarte siento
un pesar tan intenso! Embarga impío
mi quebrantada voz mi sentimiento,
y suspira tu nombre el labio mío:
para allí su carrera el pensamiento,
hiela mi corazón punzante frío,
ante mis ojos la funesta losa
donde vil polvo tu beldad reposa.
  ¡Y tú feliz, que hallaste en la muerte
sombra a que descansar en tu camino,
cuando llegabas, mísera, a perderte
y era llorar tu único destino:
cuando en tu frente la implacable suerte
grababa de los réprobos el sino!
Feliz, la muerte te arrancó del suelo,
y otra vez ángel, te volviste al cielo.

Roída de recuerdos de amargura,
ardió el corazón, sin ilusiones,
la delicada flor de tu hermosura
ajaron del dolor los aquilones:
sóla, y envilecida, y sin ventura,
tu corazón secaron las pasiones:
tus hijos, ¡ay!, de ti se avergonzaran,
y hasta el nombre de madre te negaran.

   Los ojos escaldados de tu llanto,
tu rostro cadavérico y hundido;
único desahogo en tu quebranto,
el histérico ¡ay! de tu gemido:
¡quién, quién pudiera en infortunio tanto
envolver tu desdicha en el olvido,
disipar tu dolor y recogerte
en su seno de paz? ¡Sólo la muerte!

   ¡Y tan joven, y ya tan desgraciada!
Espíritu indomable, alma violenta,
en ti, mezquina sociedad, lanzada
a romper tus barreras turbulenta.
Nave contra las rocas quebrantada,
allá vaga, a merced de la tormenta,
en las olas tal vez náufraga tabla,
que sólo ya de sus grandezas habla.

   Un recuerdo de amor que nunca muere
y está en mi corazón; un lastimero
tierno quejido que en el alma hiere,
eco suave de su amor primero:
¡ay!, de tu luz en tanto yo viviere,
quedará un rayo en mí, blanco lucero,
que iluminaste con tu luz querida
la dorada mañana de mi vida.

   Que yo, como una flor que en la mañana
abre su cáliz al naciente día,

¡ay!, al amor abrí tu alma temprana,
y exalté tu inocente fantasía,
yo inocente también, ¡oh!, cuán ufana
al porvenir mi mente sonreía,
y en alas de mi amor, ¡con cuánto anhelo
pensé contigo remontarme al cielo!
  Y alegre, audaz, ansioso, enamorado,
en tus brazos en lánguido abandono,
de glorias y deleites rodeado
levantar para ti soñé yo un trono:
y allí, tú venturosa y yo a tu lado,
vencer del mundo el implacable encono,
y en un tiempo, sin horas ni medida,
ver como un sueño resbalar la ida.
  ¡Pobre Teresa! Cuando ya tus ojos
áridos ni una lágrima brotaban;
cuando ya su color tus labios rojos
en cárdenos matices se cambiaban;
cuando de tu dolor tristes despojos
la vida y su ilusión te abandonaban,
y consumía lenta calentura
tu corazón al par de tu amargura;
  si en tu penosa y última agonía
volviste a lo pasado el pensamiento;
si comparaste a tu existencia un día
tu triste soledad y tu aislamiento;
si arrojó a tu dolor tu fantasía
tus hijos, ¡ay!, en tu postrer momento
a otra mujer tal vez acariciando,
madre tal vez a otra mujer llamando;
  si el cuadro de tus breves glorias viste
pasar como fantástica quimera,
y si la voz de tu conciencia oíste
dentro de ti gritándote severa;

sí, en fin, entonces tú llorar quisiste
y no brotó una lágrima siquiera
tu seco corazón, y a Dios llamaste,
y no te escuchó Dios, y blasfemaste,
 ¡oh!, ¡cruel!, ¡muy cruel!, ¡martirio horrendo!
¡Espantosa expiación de tu pecado!
¡Sobre un lecho de espinas, maldiciendo,
morir, el corazón despedazado!
Tus mismas manos de dolor mordiendo,
presente a tu conciencia lo pasado,
buscando en vano, con los ojos fijos,
y extendiendo tus brazos a tus hijos.
 ¡Oh!, ¡cruel!, ¡muy cruel!... ¡Ay! Yo entretanto
dentro del pecho mi dolor oculto,
enjugo de mis párpados el llanto
y doy al mundo el exigido culto:
yo escondo con vergüenza mi quebranto,
mi propia pena con mi risa insulto,
y me divierto en arrancar del pecho
mi mismo corazón pedazos hecho.
 Gocemos, sí; la cristalina esfera
gira bañada en luz: ¡bella es la vida!
¿Quién a parar alcanza la carrera
del mundo hermoso que al placer convida?
Brilla radiante el sol, la primavera
los campos pinta en la estación florida:
truéquese en risa mi dolor profundo...
Que haya un cadáver más, ¿qué importa al mundo?

JOSÉ DE ESPRONCEDA
(1808-1842)

## HIMNO A LA INMORTALIDAD

¡Salve, llama creadora del mundo,
lengua ardiente de eterno saber,
puro germen, principio fecundo
que encadenas la muerte a tus pies!
   Tú la inerte materia espoleas,
tú la ordenas juntarse y vivir,
tú su lodo moldeas, y creas
miles de seres de forma sin fin.
   Desbarata tus obras en vano
vencedora la muerte tal vez;
de sus restos levanta tu mano
nuevas obras triunfante otra vez.
   Tú la hoguera del sol alimentas,
tú revistes los cielos de azul,
tú la luna en las sombras argentas,
tú coronas la aurora de luz.
   Gratos ecos al bosque sombrío
verde pompa a los árboles das,
melancólica música al río,
ronco grito a las olas del mar.
   Tú el aroma en las flores exhalas,
en los valles suspiras de amor,
tú murmuras del aura en las alas,
en el Bóreas retumba tu voz.
   Tú derramas el oro en la tierra
en arroyos de hirviente metal;
tú abrillantas la perla que encierra
en su abismo profundo la mar.
   Tú las cárdenas nubes extiendes,
negro manto que agita Aquilón;
con tu aliento los aires enciendes,
tus rugidos infunden pavor.

Tú eres pura simiente de vida,
manantial sempiterno del bien;
luz del mismo Hacedor desprendida,
juventud y hermosura es tu ser.

Tú eres fuerza secreta que el mundo,
en sus ejes impulsa a rodar,
sentimiento armonioso y profundo
de los orbes que anima tu faz.

De tus obras los siglos que vuelan
incansables artífices son,
del espíritu ardiente cincelan
y embellecen la estrecha prisión.

Tú en violento, veloz torbellino,
los empujas enérgica, y van;
y adelante en tu raudo camino
a otros siglos ordenas llegar.

Y otros siglos ansiosos se lanzan,
desaparecen y llegan sin fin,
y en su eterno trabajo se alcanzan,
y se arrancan sin tregua el buril.

Y afanosos sus fuerzas emplean
en tu inmenso taller sin cesar,
y en la tosca materia golpean,
y redobla el trabajo su afán.

De la vida en el hondo Océano
flota el hombre en perpetuo vaivén,
y derrama abundante tu mano
la creadora semilla en su ser.

Hombre débil, levanta la frente,
pon tu labio en su eterno raudal;
tú serás como el sol en Oriente,
tú serás, como el mundo, inmortal.

**JOSÉ DE ESPRONCEDA**
**(1808-1842)**

## LA DESESPERACION

　　Me gusta ver el cielo
con negros nubarrones
y oír los aquilones
horrísonos bramar;
me gusta ver la noche
sin luna y sin estrellas,
y sólo las centellas
la tierra iluminar.
　　Me agrada un cementerio
de muertos bien relleno,
manando sangre y cieno
que impida el respirar;
y allí un sepulturero
de tétrica mirada
con mano despiadada
los cráneos machacar.
　　Me alegra ver la bomba
caer mansa del cielo,
e inmóvil en el suelo,
sin mecha embravecida
que estalla y que se agita
y rayos mil vomita
y muertos por doquier.
　　Que el trueno me despierte
con su ronco estampido,
y al mundo adormecido
le haga estremecer;
que rayos cada instante
caigan sobre él sin cuento,
que se hunda el firmamento
me agrada mucho ver.

La llama de un incendio
que corra devorando
y muertos apilando
quisiera yo encender;
tostarse allí un anciano,
volverse todo tea,
oír cómo vocea,
¡qué gusto!, ¡qué placer!

Me gusta una campiña
de nieve tamizada,
de flores despojada,
sin fruto, sin verdor,
ni pájaros que canten,
ni sol haya que alumbre
y sólo se vislumbre
la muerte en derredor.

Allá en sombrío monte;
solar desmantelado
me place en sumo grado,
la luna al reflejar;
moverse las veletas
con áspero chirrido
igual al alarido
que anuncia el expirar.

Me gusta que al Averno
lleven a los mortales
y allí todos los males
les hagan padecer;
les abran las entrañas,
les rasguen los tendones,
rompan los corazones
sin de ellos caso hacer.

Insólita avenida
que inunda fértil vega,

*EL ROMANTICISMO*

de cumbre en cumbre llega,
y llena de pavor
se lleva los ganados
y las vides sin pausa,
y estragos miles causa,
¡qué gusto!, ¡qué placer!

Las voces y las risas,
el juego, las botellas,
en torno de las bellas
alegres apurar;
y en sus lascivas bocas,
con voluptuoso halago,
un beso a cada trago
alegres estampar.

Romper después las copas,
los planos, las barajas,
y abiertas las navajas
buscando el corazón;
oír luego los brindis
mezclados con quejidos
que lanzan los heridos
en llanto y confusión.

Me alegra oír al uno
pedir a voces vino,
mientras que su vecino
se cae en un rincón;
y que otros ya borrachos,
en trino desusado,
cantan al dios vendado
impúdica canción.

Me agradan las queridas
tendidas en los lechos,
sin chales en los pechos
y flojo el cinturón,

mostrando sus encantos,
sin orden el cabello,
al aire el muslo bello...
¡Qué gozo!, ¡qué ilusión!

(Atribuida a
JOSÉ DE ESPRONCEDA)

## EL ARREPENTIMIENTO

*A mi madre*

Triste es la vida cuando piensa el alma;
triste es vivir si siente el corazón;
nunca se goza de ventura y calma
si se piensa del mundo en la ficción.
   No hay que buscar del mundo los placeres,
pues que ninguno existe en realidad;
no hay que buscar amigos ni mujeres,
que es mentira el placer y la amistad.
   Es inútil que busque el desgraciado
quien quiera su dolor con él partir;
sordo el mundo, le deja abandonado
sin aliviar su mísero vivir.

*EL ROMANTICISMO*

La virtud y el honor, sólo de nombre
existen en el mundo engañador:
un juego la virtud es para el hombre;
un fantasma, no más, es el honor.

No hay que buscar palabras de ternura
que le presten al alma algún solaz;
no hay que pensar que dure la ventura,
que en el mundo el placer siempre es fugaz.

Esa falsa deidad que llaman gloria,
es del hombre tan sólo una ilusión,
que siempre está patente en su memoria
halagando, traidora, el corazón.

Todo es mentira lo que el mundo encierra,
que el niño no conoce, por su bien;
entonces la niñez sus ojos cierra,
y un tiempo a mí me los cerró también.

En aquel tiempo el maternal cariño
como un Edén el mundo me pintó;
yo lo miré como lo mira un niño,
y mejor que un Edén me pareció.

Lleno lo vi de fiestas y jardines,
donde tranquilo imaginé gozar;
oí cantar pintados colorines
y escuché a la fuente el murmurar.

Yo apresaba la blanca mariposa,
persiguiéndola ansioso en el jardín,
bien al pararse en la encarnada rosa,
o al posarse después en el jazmín.

Miraba al sol sin que jamás su fuego
quemase mis pupilas ni mi tez;
que entonces lo miré con el sosiego
y con la paz que infunde la niñez.

Mi vida resbalaba entre delicias
prodigadas, ¡oh madre!, por tu amor.

¡Cuántas veces, entonces, tus caricias
acallaron mi llanto y mi clamor!
 ¡Cuántas veces, durmiendo en tu regazo,
en pájaros y flores yo soñé¡
¡Cuántas me diste, oh madre, un tierno abrazo
porque alegre y risueño te miré!

 Mis caricias pagaste con exceso,
como pagan las flores el abril;
mil besos, ¡ay!, me dabas por un beso.
por un abrazo tú me dabas mil.

 Pero yo te abandoné
por seguir la juventud;
en el mundo me interné,
y al primer paso se fué
de la infancia la quietud.

 Que aunque tu voz me anunciaba
los escondidos abrojos
del camino que pisaba,
mi oído no te escuchaba
ni te miraban mis ojos.

 ¡Sí, madre! Yo no creí
que fuese cierto tu aviso;
tan hechicero lo vi,
que al principio para mí
era el mundo un paraíso.

 Así viví sin temor,
disfrutando los placeres
de mundo tan seductor;
en él encontré el amor
al encontrar las mujeres.

 Mis oídos las oyeron,
y mis ojos las miraron,
y ángeles me parecieron;
mis ojos, ¡ay!, me engañaron

y mis oídos mintieron.
   Entre placeres y amores
fueron pasando mis años
sin recelos ni temores,
mi corazón sin engaños
y mi alma sin dolores.
   Mas hoy ya mi corazón
por su bien ha conocido
de los hombres la traición,
y mi alma ha descorrido
el velo de la ilusión.
   Ayer vi el mundo risueño
y hoy triste lo miro ya;
para mí no es halagüeño;
mis años han sido un sueño
que disipándose va.
   Por estar durmiendo ayer,
de este mundo la maldad
ni pude ni quise ver,
ni del amigo y mujer
conocí la falsedad.
   Por el sueño, no miraron
mis ojos teñido un río
de sangre, que derramaron
hermanos que se mataron
llevados de un desvarío.
   Por el sueño, madre mía,
del porvenir, sin temor,
ayer con loca alegría
entonaba en una orgía
cantos de placer y de amor.
   Por el sueño fui perjuro
con las mujeres allí;
Y en lugar de tu amor puro,

amor frenético, impuro,
de impuros labios bebí.

Mi corazón fascinaste
cuando me ofreciste el bien;
pero ¡oh, mundo!, me engañaste,
porque en infierno trocaste
lo que yo juzgaba Edén.

Tú me mostraste unos seres
con rostros de querubines
y con nombres de mujeres;
tú me brindaste placeres
en ciudades y festines.

Tus mujeres me engañaron,
que al brindarme su cariño
en engañarme pensaron
y sin compasión jugaron
con mi corazón de niño.

En tus pueblos no hay clemencia;
la virtud no tiene abrigo;
por eso con insolencia
los ricos, en su opulencia,
escarnecen al mendigo.

Y en vez de arroyos y flores
y fuentes y ruiseñores,
se escuchan en tus jardines
los gritos y los clamores
que salen de los festines.

Por eso perdí el reposo
de mis infantiles años;
dime, mundo peligroso:
¿por qué siendo tan hermoso
contienes tantos engaños?

Heme a tus pies llorando arrepentido,
fría la frente y seco el corazón;

*EL ROMANTICISMO*

¡ah!, si supieras cuánto he padecido,
me tuvieras, ¡oh madre!, compasión.
  No te admires de hallarme en este estado,
sin luz en los ojos, sin color la tez;
porque mis labios, ¡ay!, han apurado
el cáliz del dolor hasta la hez.
  ¡Que es veneno el amor de las mujeres
que en el mundo, gozoso, yo bebí!
Pero, a pesar de todos los placeres,
jamás pude olvidarme yo de ti.
  Siempre, extasiado, recordó mi mente
aquellos días de ventura y paz
que a tu lado viví tranquilamente
ajeno de ese mundo tan falaz.
  Todo el amor que tiene es pasajero,
nocivo, receloso, engañador;
no hay otro, no, más puro y verdadero
que dure más que el maternal amor.
  Vuelve, ¡oh madre!, a mirarme con cariño;
tus caricias y halagos tórname;
yo de ti me alejé, pero era un niño,
y el mundo me engañó; ¡perdóname!
  Yo pagaré tu amor con el exceso
con que pagan las flores al Abril;
mil besos te daré por sólo un beso,
por un abrazo yo te daré mil.
  Dejemos que prosigan engañando
los hombres y mujeres a la par;
de nuestro amor sigamos disfrutando
en sus engaños, madre, sin pensar.
  Porque es triste vivir si piensa el alma,
y mucho más si siente el corazón;
nunca se goza de ventura y calma

si se piensa del mundo en la ficción.

(Atribuida a
JOSÉ DE ESPRONCEDA).

## A LOS ASTROS

Romped las nieblas que ocultando el cielo
corren los aires en flotante giro,
y derramad sobre el dormido suelo
vuestros lucientes rayos de zafiro.
¡Brillad! ¡Brillad! El ánima afligida
siente sed de ilusión, sed de esperanza,
ya que preside a mi angustiosa vida
negro fantasma de eternal venganza.
¡Ay!, yo no sé de mí: no me comprendo;
ardiente el alma en su ambición desea
otros fatales goces que no entiendo,
que cruzan como sombras por mi idea.
Vil juguete tal vez de la fortuna,
cansado siempre y solitario vago,
cual cisne que por lóbrega laguna
trocó las aguas del nativo lago.

## EL ROMANTICISMO

¡Quién me volviera las fugaces horas,
¡ay!, tan fugaces cuanto fueron bellas,
cuando en las playas de la mar sonoras
contemplaba la luz de las estrellas!

Sólo el rugir del piélago escuchando,
embriagado en la atmósfera marina,
volaba el pensamiento arrebatando
el alma ardiente a la región divina.

De la fe entre las alas sostenido,
cruzaba por la bóveda ondeante,
en la sublime inmensidad mecido,
navegando entre globos de diamante.

Y siempre, siempre me humillé postrado
ante las puertas del eterno imperio;
y nunca pude penetrar osado
de esa esfera clarísima el misterio.

¿Sois las mansiones en que aguarda el alma,
libre ya de esta mísera existencia,
a recibir en expiatoria calma
esa que implora angelical esencia?

¿Sois tal vez los magníficos palacios,
trono inmortal de fúlgidos querubes,
cortando en su carrera los espacios,
rompiendo escollos de doradas nubes?

¿Sois los fanales que en su vago vuelo
guiarán al hombre en las etéreas salas,
cuando triunfante y justo alcance el cielo,
de la oración sobre las blancas alas?

Cuando, extasiado en lánguida tristura,
llega a mis ojos vuestra luz serena,
quiébranse mis recuerdos de amargura,
cual la espuma del mar sobre la arena.

No sé qué acentos de entusiasmo y gloria,
blancos fantasmas que en silencio giran,

despiertan al pasar en mi memoria,
con las mágicas voces que suspiran.
  Mi existencia está aquí. Yo tengo un alma
que no abate contraria la fortuna;
capaz de hallar, como Endimión, la calma
en los trémulos rayos de la luna.
  ¡El sol! El sol magnífico, luciente,
me agobia con el peso de su lumbre.
¡Oh! ¡Nunca llegue el astro del Oriente
a traspasar del monte la alta cumbre!
  Quede en las nubes de su triste ocaso
el eje ardiente de su carro roto,
o arrastre triste el moribundo paso
por otro suelo frígido y remoto.
  Su luz pesada como el plomo oprime;
yo no quiero su luz, amo la sombra;
que este retiro lóbrego, sublime,
ni espanta el alma, ni la mente asombra.
  Bajo la copa del ciprés doliente,
en mi pereza muelle descansado,
dejo el triste vaivén de lo presente,
busco el dulce solaz de lo pasado.
  Bellas venís, visiones de placeres,
gratos venís, dulcísimas mujeres,
verdes praderas, flores olorosas.
  Con el nocturno céfiro os respiro,
de las estrellas con la luz os veo;
y con sed ardentísima os aspiro,
con pasión vehementísima os deseo.
  Mas no; volad: espíritus amantes,
respetad, ¡ay!, de un mísero la calma:
pasaréis caprichosas, inconstantes,
y luego inquieta dejaréis mi alma.
  Sólo en vosotros fijaré mis ojos,

astros brillantes, admirables faros,
que en la triste ansiedad de mis enojos
sólo me queda fe para admiraros.
  Derramad blanca luz sobre mi frente,
y cuando el aire se colore en grana,
viéndoos morir sobre el purpúreo Oriente,
me hallará solitario la mañana.

SALVADOR BERMÚDEZ DE CASTRO
(1814-1883)

## EL AGUILA Y LA BALA

Dicen que apostó una bala
con un águila a volar,
y ésta dijo sin tardar;
—Vete, plomo, noramala.
¿Quién a estas plumas iguala
con que hasta los vientos domo?
Mi cuerpo de tomo y lomo
verás dónde tú no subes,
que esto de andar por las nubes
no es para un ave de plomo.

Despreció la bobería,
siempre la bala en sus trece,
diciendo: —¿A quién se le ofrece
negarme la primacía?
¿Pues no es más claro que el día
que nunca mi vuelo igualas?
En mal camino resbalas,
ave infeliz, porque en suma,
si son tus alas de pluma,
de pólvora son mis alas.

Ni el ave la lucha esquiva,
ni la bala se convence.
—¿Probamos a ver quién vence?
—Arriba, vamos arriba.
Subió la bala tan viva,
que dio a su rival antojos;
pues fue, para darle enojos
y centuplicar sus quejas,
un estruendo a sus orejas
y un relámpago a sus ojos.

*EL ROMANTICISMO*

Subió el águila con calma
cuando la bala caía,
y le dijo: —Amiga mía,
Si te hundes en cuerpo y alma,
¿quién se llevará la palma?
paciencia, yo no desmayo.
Harás de tu capa un sayo,
pero que sepas es bueno
*que el que sube como un trueno
suele bajar como un rayo.*

JOSÉ MARTÍNEZ VILLERGAS
(1816-1894)


*A BUEN JUEZ, MEJOR TESTIGO
Tradición de Toledo*

I

Entre pardos nubarrones
pasando la blanca luna,
con resplandor fugitivo,
la baja tierra no alumbra.
La brisa con frescas alas
juguetona no murmura,
y las veletas no giran
entre la cruz y la cúpula.
Tal vez un pálido rayo
la opaca atmósfera cruza,
y unas en otras las sombras
confundidas se dibujan.
Las almenas de las torres

341

un momento se columbran,
como lanzas de soldados
apostados en la altura.
Reververan los cristales
la trémula llama turbia,
y un instante entre las rocas
riela la fuente oculta.
Los álamos de la Vega
parecen en la espesura
de fantasmas apiñados
medrosa y gigante turba;
y alguna vez desprendida
gotea pesada lluvia,
que no despierta a quien duerme,
ni a quien medita importuna.
Yace Toledo en el sueño
entre las sombras confusa,
y el Tajo a sus pies pasando
con pardas ondas lo arrulla.
El monótono murmullo
sonar perdido se escucha
cual si por las hondas calles
hirviera del mar la espuma.
¡Qué dulce es dormir en calma
cuando a lo lejos susurran
los álamos que se mecen,
las aguas que se derrumban!
Se sueñan bellos fantasmas
que el sueño del triste endulzan,
y en tanto que sueña el triste,
no le aqueja su amargura.

Tan en calma y tan sombría
como la noche que enluta

la esquina en que desemboca
una callejuela oculta,
se ve de un hombre que guarda
la vigilante figura,
y tan a la sombra vela
que entre las sombras se ofusca.
Frente por frente a sus ojos
un balcón a poca altura
deja escapar por los vidrios
la luz que dentro le alumbra;
mas ni en el claro aposento,
ni en la callejuela oscura
el silencio de la noche
rumor sospechoso turba.
Pasó así tan largo tiempo,
que pudiera haberse duda
de si es hombre, o solamente
mentida ilusión nocturna;
pero es hombre, y bien se ve,
porque con planta segura,
ganando el centro a la calle,
resuelto y audaz pregunta:

—¿Quién va? —y a corta distancia
el igual compás se escucha
de un caballo que sacude
las sonoras herraduras.
—¿Quién va? —repite y cercana
otra voz menos robusta
responde: —Un hidalgo, ¡calle!
Y el paso el bulto apresura.
—Téngase el hidalgo —el hombre
replica, y la espada empuña.
—Ved más bien si me haréis calle

(repitieron con mesura)
que hasta hoy a nadie se tuvo
Ivan de Vargas y Acuña.
—Pase el de Acuña y perdone—
dijo el mozo en faz de fuga,
pues, teniéndose el embozo,
sopla un silbato y se oculta.
Paró el jinete a una puerta,
y con precaución difusa
salió una niña al balcón
que llama interior alumbra.
—¡Mi padre! —clamó en voz baja,
y el viejo en la cerradura
metió la llave pidiendo
a sus gentes que le acudan.
Un negro por ambas bridas
tomó la cabalgadura,
cerróse detrás la puerta
y quedó la calle muda.
En esto desde el balcón,
como quien tal acostumbra,
un mancebo por las rejas
de la calle se asegura.
Asió el brazo al que apostado
Hizo cara a Iván de Acuña,
y huyeron, en el embozo
velando la catadura.

## II

Clara, apacible y serena
pasa la siguiente tarde,
y el sol tocando su ocaso

apaga su luz gigante:
se ve la Imperial Toledo
dorada por los remates,
como una ciudad de grana
coronada de cristales.
El Tajo por entre rocas
sus anchos cimientos lame,
dibujando en las arenas
las ondas con las que bate.
Y la ciudad se retrata
en las ondas desiguales,
como en prendas de que el río
tan afanoso la bañe.
A lo lejos en la vega
tiende galán por sus márgenes,
de sus álamos y huertos
el pintoresco ropaje,
y porque su altiva gala
más que a los ojos halague,
la salpica con escombros
de castillos y de alcázares,
Un recuerdo es cada piedra
que toda una historia vale,
cada colina un secreto
de príncipes o galanes.
Aquí se baño la hermosa
por quien dejó un rey culpable
amor, fama, reino y vida
en manos de musulmanes.
Allí recibió Galiana
a su receloso amante,
en esa cuesta que entonces
era un plantel de azahares.
Allá por aquella torre,

que hicieron puerta los árabes,
subió el Cid sobre *Babieca*
con su gente y su estandarte.
Más lejos se ve el castillo
de San Servando, o Cervantes,
donde nada se hizo nunca
y nada al presente se hace.
A este lado está la almena
por do sacó vigilante
el conde don Peranzules
al rey, que supo una tarde
fingir tan tenaz modorra,
que, político y constante,
tuvo siempre el brazo quedo
las palmas al horadarle.
Allí está el circo romano,
gran cifra de un pueblo grande,
y aquí la antigua basílica
de bizantinos pilares
que oyó en el primer concilio
las palabras de los Padres
que velaron por la Iglesia
perseguida o vacilante.
La sombra en este momento
tiende sus turbios cendales
por todas esas memorias
de las pasadas edades,
y del Cambrón y Bisagra
los caminos desiguales,
camino a los toledanos
hacia las murallas abren.
Los labradores se acercan
al fuego de sus hogares,
cargados con sus aperos,

cansados de sus afanes.
Los ricos y sedentarios
se tornan con paso grave,
calado el ancho sombrero,
abrochados los gabanes;
y los clérigos y monjes
y los prelados y abades,
sacudiendo el leve polvo
de capelos y sayales.
Quédase sólo un mancebo
de impetuosos ademanes,
que se pasea ocultando
entre la capa el semblante.
Los que pasan le contemplan
con decisión de evitarle,
y él contempla a los que pasan
como si alguien aguardase.
Los tímidos aceleran
los pasos al divisarle,
cual temiendo de seguro
que les proponga un combate;
y los valientes le miran
cual si sintieran dejarle
sin que libres sus estoques
en riña sonora dancen.
Una mujer, también sola,
se viene el llano adelante,
la luz del rostro escondida
en tocas y tafetanes.
Mas en lo leve del paso,
y en lo flexible del talle,
puede a través de los velos
una hermosa adivinarse.
Vase derecha al que aguarda,

y él al encuentro la sale
diciendo... cuanto se dicen
en las citas los amantes.
Mas ella, galanterías
dejando severa aparte,
así al mancebo interrumpe
con voz decisiva y grave:
—Abreviemos de razones,
Diego Martínez; mi padre,
que un hombre ha entrado en su ausencia
dentro de mi aposento sabe,
y así quien mancha mi honra
con la suya me la lave;
o dadme mano de esposo,
o libre de vos dejadme.
Miróla Diego Martínez
atentamente un instante,
y echando a un lado el embozo,
repuso palabras tales:
—Dentro de un mes, Inés mía,
parto a la guerra de Flandes;
al año estaré de vuelta
y contigo en los altares.
Honra que yo te desluzca,
con honra mía se lave;
que por honra vuelven honra
hidalgos que en honra nacen.
—Júralo —exclamó la niña.
—Más que mi palabra vale
no te valdrá un juramento.
—Diego, la palabra es aire.
—¡Vive Dios que estás tenaz!
Dalo por jurado y baste.
—No me basta; que olvidar

puedes la palabra en Flandes.
—¡Voto a Dios! ¿Qué más pretendes?
—Que a los pies de aquella imagen
lo jures como cristiano
del santo Cristo delante.

Vaciló un punto Martínez,
mas porfiando que jurase,
llevóle Inés hacia el templo
que en medio la vega yace.
Enclavado en un madero,
en duro y postrero trance,
ceñida la sien de espinas,
descolorido el semblante,
veíase allí un crucifijo
teñido de negra sangre,
a quien Toledo devota
acude hoy en sus azares.
Ante sus plantas divinas
llegaron ambos amantes,
y haciendo Inés que Martínez
los sagrados pies tocase,
preguntóle:
                —Diego, ¿juras
a tu vuelta desposarme?
Contestó el mozo:
                —¡Sí, juro!
Y ambos del templo se salen.

### III

Pasó un día y otro día,
un mes y otro mes pasó,

y un año pasado había,
mas de Flandes no volvía
Diego, que a Flandes partió.

Lloraba la bella Inés
su vuelta aguardando en vano,
oraba un mes y otro mes
del crucifijo a los pies
do puso el galán la mano.

Todas las tardes venía
después de traspuesto el sol,
y a Dios llorando pedía
la vuelta del español,
y el español no volvía.

Y siempre al anochecer,
sin dueña y sin escudero,
en un manto de mujer
el campo salía a ver
al alto del *Miradero*.

¡Ay del triste que consume
su existencia en esperar!
¡Ay del triste que presume
que el duelo con que él se abrume
al ausente ha de pesar!

La esperanza es de los cielos
precioso y funesto don,
pues los amantes desvelos
cambian la esperanza en celos,
que abrasan el corazón.

*EL ROMANTICISMO*

Si es cierto lo que se espera,
es un consuelo en verdad;
pero siendo una quimera,
en tan frágil realidad
quien espera desespera.

Así Inés desesperaba
sin acabar de esperar,
y su tez se marchitaba,
y su llanto se secaba
para volver a brotar.

En vano a su confesor
pidió remedio o consejo
para aliviar su dolor;
que mal se cura el amor
con las palabras de un viejo.

En vano a Iván acudía,
llorosa y desconsolada;
el padre no respondía;
que la lengua la tenía
su propia deshonra atada.

Y ambos maldicen su estrella,
callando el padre severo
y suspirando la bella
porque nació mujer ella,
y el viejo nació altanero.

Dos años al fin pasaron
en esperar y gemir,
y las guerras acabaron,
y los de Flandes tornaron

a sus tierras a vivir.

Pasó un día y otro día,
un mes y otro mes pasó,
y el tercer año corría;
Diego a Flandes se partió,
mas de Flandes no volvía.

Era una tarde serena,
doraba el sol de occidente
del Tajo la vega amena,
y apoyada en una almena
miraba Inés la corriente.

Iban las tranquilas olas
las riberas azotando
bajo las murallas solas,
musgos, espigas y amapolas
ligeramente doblando.

Algún olmo que escondido
creció entre la hierba blanda,
sobre las aguas tendido
se reflejaba perdido
en su cristalina banda.

Y algún ruiseñor colgado
entre su fresca espesura
daba al aire embalsamado
su cántico regalado
desde la enramada oscura.

Y algún pez con ciertos colores,
tornasolada la escama,

saltaba a besar las flores,
que exhalan gratos olores
a las puntas de una rama.

Y allá en el trémulo fondo
el torreón se dibuja
como el contorno redondo
del hueco sombrío y hondo
que habita nocturna bruja.

Así la niña lloraba
el rigor de su fortuna,
y así la tarde pasaba
y al horizonte trepaba
la consoladora luna.

A lo lejos por el llano,
en confuso remolino,
vio de hombres tropel lejano
que en pardo polvo liviano
dejan envuelto el camino.

Bajó Inés del torreón,
y llegando recelosa
a las puertas del Cambrón,
sintió latir zozobrosa
más inquieto el corazón.

Tan galán como altanero
dejó ver la escasa luz
por bajo el arco primero
un hidalgo caballero
en un caballo andaluz.

Jubón negro acuchillado,
banda azul, lazo en la hombrera,
y sin pluma al diestro lado
el sombrero derribado
tocando con la gorguera.

Bombacho gris guarnecido,
bota de ante, espuela de oro,
hierro al cinto suspendido,
y a una cadena prendido
agudo cuchillo moro.

Vienen tras este jinete
sobre potros jerezanos
de lanceros hasta siete,
y en adarga y coselete,
diez peones castellanos.

Asióse a su estribo Inés
gritando: —¡Diego, eres tú!—
Y él, viéndola de través,
dijo: —¡Voto a Belcebú,
que no me acuerdo quién es!

Dio la triste un alarido
tal respuesta al escuchar,
y a poco perdió el sentido,
sin que más voz ni gemido
volviera a tierra a exhalar.

Frunciendo ambas a dos cejas
encomendóla a su gente,
diciendo: —¡Malditas viejas
que a las mozas malamente
enloquecen con consejas!

Y aplicando el capitán
a su potro las espuelas,
el rostro a Toledo dan,
y a trote cruzando van
las oscuras callejuelas.

### IV

Así por sus altos fines
dispone y permite el cielo
que puedan mudar al hombre
fortuna, poder y tiempo.
A Flandes partió Martínez
de soldado aventurero,
y por su suerte y hazañas
allí capitán le hicieron.
Según alzaba en honores
alzábase en pensamientos,
y tanto ayudó en la guerra
con su valor y altos hechos,
que el mismo rey a su vuelta
le armó en Madrid caballero,
tomándole a su servicio
por capitán de lanceros.
Y otro no fue que Martínez
quien ha poco entró en Toledo,
tan orgulloso y ufano
cual salió humilde y pequeño.
Ni es otro a quien se dirige,
cobrando el conocimiento,
la amorosa Inés de Vargas,
que vive por él muriendo.
Mas él, que olvidando todo
olvidó su nombre mesmo,

puesto que Diego Martínez
es el capitán don Diego,
ni se ablanda a sus caricias,
ni cura de sus lamentos,
diciendo que son locuras
de gentes de poco seso;
que ni él prometió casarse
ni pensó jamás en ello.
¡Tanto mudan a los hombres
fortuna, poder y tiempo!
En vano porfiaba Inés
con amenazas y ruegos;
cuanto más ella importuna
está Martínez severo.
Abrazada a sus rodillas
enmarañado el cabello,
la hermosa niña lloraba
prosternada por el suelo.
Mas todo empeño es inútil,
porque el capitán don Diego
no ha de ser Diego Martínez
como lo era en otro tiempo.
Y así llamando a su gente,
de amor y piedad ajeno,
mandóles que a Inés llevaran
de grado o de valimiento.
Mas ella antes que la asieran.
cesando un punto en su duelo,
así habló, el rostro lloroso
hacia Martínez volviendo:
—Contigo se fue mi honra,
conmigo tu juramento;
pues buenas prendas son ambas,
en buen fiel las pesaremos.

Y la faz descolorida
en la mantilla envolviendo
a pasos desatentados
salióse del aposento.

V

Era entonces en Toledo
por el rey gobernador
el justiciero y valiente
don Pedro Ruiz de Alarcón.
Muchos años por su patria
el buen viejo peleó;
cercenado tiene un brazo,
mas entero el corazón.
La mesa tiene delante,
los jueces en derredor,
los corchetes a la puerta
y en la derecha el bastón.
Está, como presidente
del tribunal superior,
entre un dosel y una alfombra
reclinado en un sillón,
escuchando con paciencia
la casi asmática voz
con que un tétrico escribano
solfea una apelación.
Los asistentes bostezan
al murmullo arrullador,
los jueces medio dormidos
hacen pliegues al ropón,
los escribanos repasan
sus pergaminos al sol,
los corchetes a una moza

guiñan en un corredor,
y abajo en Zocodover
gritan en discorde son
los que en el mercado venden
lo vendido y el valor.

Una mujer en tal punto,
en faz de grande aflicción,
rojos de llorar los ojos,
ronca de gemir la voz,
suelto el cabello y el manto,
tomó plaza en el salón
diciendo a gritos: «¡Justicia,
jueces, justicia, señor!»

Y a los pies se arroja humilde
de don Pedro de Alarcón,
en tanto que los curiosos
se agitan alrededor.
Alzóla cortés don Pedro
calmando la confusión
y el tumultuoso murmullo
que esta escena ocasionó:
diciendo:
   —Mujer, ¿qué quieres?
—Quiero justicia, señor.
—¿De qué?
   —De una prenda hurtada.
—¿Qué prenda?
   —Mi corazón.
—¿Tú lo diste?
   —Le presté.
—¿Y no te le han devuelto?
   —No.

—¿Tienes testigos?
—Ninguno.
—¿Y promesas?
—¡Sí, por Dios!
Que al partirse de Toledo
un juramento empeñó.
—¿Quién es él?
—Diego Martínez.
—¿Noble?
—Y capitán, señor.
—Presentadme al capitán,
que cumplirá si juró.

Quedó en silencio la sala,
y a poco en el corredor
se oyó de botas y espuelas
el acompasado son.
Un portero, levantando
el tapiz, en alta voz
dijo: —El capitán don Diego.
Y entró luego en el salón
Diego Martínez, los ojos
llenos de orgullo y furor.
—¿Sois el capitán don Diego
—díjole don Pedro— vos?
Contestó altivo y sereno
Diego Martínez:
—Yo soy.
—¿Conocéis a esta muchacha?
—Ha tres años, salvo error.
—¿Hicísteisla juramento
de ser su marido?
—No.
—¿Juráis no haberlo jurado?

—Sí lo juro.
—Pues id con Dios.
—¡Miente! —clamó Inés llorando
de despecho y de rubor.
—Mujer, ¡piensa lo que dices!...
—Digo que miente, juró.
—¿Tienes testigos?
—Ninguno.
—Capitán, idos con Dios,
y dispensad que acusado
dudara de vuestro honor.

Tornó Martínez la espalda
con brusca satisfacción.
e Inés, que le vio partirse,
resuelta y firme gritó:
—Llamadle, tengo un testigo,
Llamadle otra vez, señor.
Volvió el capitán don Diego,
sentóse Ruiz de Alarcón,
la multitud aquietóse
y la de Vargas siguió:
—Tengo un testigo a quien nunca
faltó verdad ni razón.
—¿Quién?
—Un hombre que de lejos
nuestras palabras oyó,
mirándonos desde arriba.
—¿Estaba en algún balcón?
—No, que estaba en suplicio
donde ha tiempo expiró.
—¿Luego es muerto?
—No, que vive.
—Estáis loca, ¡vive Dios!

*EL ROMANTICISMO*

¿Quién fue?
        —El Cristo de la Vega,
a cuya faz perjuró.

Pusiéronse en pie los jueces
al nombre del Redentor,
escuchando con asombro
tan excelsa apelación.
Reinó un profundo silencio
de sorpresa y de pavor,
y Diego bajó los ojos
de vergüenza y confusión.
Un instante con los jueces
don Pedro en secreto habló,
y levantóse diciendo
con respetuosa voz:

—La ley es ley para todos,
tu testigo es el mejor,
mas para tales testigos
no hay más tribunal que Dios.
Haremos... lo que sepamos;
escribano, al caer el sol
al Cristo que está en la vega
tomaréis declaración.

## VI

Es una tarde serena,
cuya luz tornasolada
de purpurino horizonte
blandamente se derrama.
Plácido aroma las flores
sus hojas plegando exhalan,

y el céfiro entre perfumes
mece las trémulas alas.
Brillan abajo en el valle
con suave rumor las aguas
y las aves en la orilla
despidiendo el día cantan.

Allá por el *Miradero*
por el Cambrón y el Bisagra
confuso tropel de gente
del Tajo a la vega baja.
Vienen delante don Pedro
de Alarcón, Iván de Vargas,
su hija Inés, los escribanos,
los corchetes y los guardias;
y detrás, monjes, hidalgos,
mozas, chicos y canalla.
Otra turba de curiosos
en la vega les aguarda,
cada cual comentariando
el caso según le cuadra.
Entre ellos está Martínez
en apostura bizarra,
calzadas espuelas de oro,
valona de encaje blanca,
bigote a la borgoñesa,
melena desmelenada,
el sombrero guarnecido
con cuatro lazos de plata,
un pie delante del otro,
y el puño en el de la espada.
Los plebeyos, de reojo,
le miran de entre las capas,
los chicos al uniforme

*EL ROMANTICISMO*

y las mozas a la cara.
Llegado el gobernador
y gente que le acompaña,
entraron todos al claustro
que iglesia y patio separa.
Encendieron ante el Cristo
cuatro cirios y una lámpara,
y de hinojos un momento
le rezaron en voz baja.

Está el Cristo de la Vega
la cruz en tierra posada,
los pies alzados del suelo
poco menos de una vara;
hacia la severa imagen
un notario se adelanta,
de modo que con el rostro
al pecho santo llegaba.
A un lado tiene a Martínez,
a otro a Inés de Vargas,
detrás al gobernador
con sus jueces y sus guardias.
Después de leer dos veces
la acusación entablada,
el notario a Jesucrito
así demandó en voz alta:

*—Jesús, Hijo de María,*
*ante nos esta mañana*
*citado como testigo*
*por boca de Inés de Vargas,*
*¿juráis ser cierto que un día*
*a vuestras divinas plantas*
*juró a Inés Diego Martínez*
*por su mujer desposarla?*

Asida a un brazo desnudo
una *mano* atarazada
vino a posar en los autos
la seca y hendida palma
y allá en los aires «¡Sí juro!»
clamó una voz más que humana.
Alzó la turba medrosa
la vista a la imagen santa...
Los labios tenía abiertos,
y una mano desclavada.

## CONCLUSION

Las vanidades del mundo
renunció allí mismo Inés
y espantado de sí propio
Diego Martínez también.
Los escribanos temblando
dieron de esta escena fe,
firmando como testigos
cuantos hubieron poder.
Fundóse un aniversario
y una capilla con él,
y don Pedro de Alarcón
el altar ordenó hacer,
donde hasta el tiempo que corre,
y en cada año una vez,
con la mano desclavada
el crucifijo se ve.

JOSÉ ZORRILLA
(1817-1893)

## *ORIENTAL*

Corriendo van por la vega
a las puertas de Granada
hasta cuarenta gomeles
y el capitán que los manda.

Al entrar en la ciudad,
parando su yegua blanca,
le dijo éste a una mujer
que entre sus brazos lloraba:

—Enjuga el llanto, cristiana,
no me atormentes así,
que tengo yo, mi sultana,
un nuevo Edén para ti.

Tengo un palacio en Granada,
tengo jardines y flores,
tengo una fuente dorada
con más de cien surtidores,

y en la vega del Genil
tengo parda fortaleza,
que será reina entre mil
cuando encierre tu belleza.

Y sobre toda una orilla
extiendo mi señorío:
ni en Córdoba ni en Sevilla
hay un parque como el mío.

Allí la altiva palmera
y el encendido granado,
junto a la frondosa higuera,
cubren el valle y collado.

Allí el robusto nogal,
allí el nópalo amarillo,
allí el sombrío moral,
crecen al pie del castillo.

Y olmos tengo en mi alameda
que hasta el cielo se levantan,
y en redes de plata y seda
tengo pájaros que cantan.

Y tú mi sultana eres,
que desiertos mis salones
están, mi harén sin mujeres,
mis oídos sin canciones.

Yo te daré terciopelos
y perfumes orientales;
de Grecia te traeré velos
y de Cachemira chales.

Y te daré blancas plumas
para que adornes tu frente,
más blancas que las espumas
de nuestros mares de Oriente.

Y perlas para el cabello,
y baños para el calor,
y collares para el cuello;
para los labios..., ¡amor!

*EL ROMANTICISMO*

—¿Qué me valen tus riquezas,
respondióle la cristiana,
si me quitas a mi padre,
mis amigos y mis damas?

Vuélveme, vuélveme, moro,
a mi padre y a mi patria,
que mis torres de León
valen más que tu Granada.

Escuchóla en paz el moro,
y manoseando su barba,
dijo como quien medita,
en la mejilla una lágrima:

—Si tus castillos mejores
que nuestros jardines son,
y son más bellas tus flores,
por ser tuyas, en León,

y tú diste tus amores
a alguno de tus guerreros,
hurí del Edén, no llores:
vete con tus caballeros.

Y dándola su caballo
y la mitad de su guardia,
el capitán de los moros
volvió en silencio la espalda.

JOSÉ ZORRILLA
(1817-1893)

## CANCION DE LA PRIMAVERA

Ya vuelve la primavera:
suene la gaita, —ruede la danza.
Tiende sobre la pradera
el verde manto —de la esperanza.

Sopla caliente la brisa:
suene la gaita, —ruede la danza.
Las nubes pasan aprisa,
y el azur muestran —de la esperanza.

La flor ríe en su capullo:
suene la gaita, —ruede la danza.
Canta el agua en su murmullo
el poder santo —de la esperanza.

¿La oís que en los aires trina?
Suene la gaita, —ruede la danza.
«Abrid a la golondrina,
que vuelve en alas —de la esperanza».

Niña, la niña modesta,
suene la gaita, —ruede la danza.
El mayo trae tu fiesta
que el logro trae —de tu esperanza.

Cubre la tierra el amor,
suene la gaita, —ruede la danza.
El perfume engendrador
al seno sube —de la esperanza.

Todo zumba y reverdece,
suene la gaita, —ruede la danza.

## EL ROMANTICISMO

Cuando el son y el verdor crece,
tanto más crece —toda esperanza.
Sonido, aromas y color,
(suene la gaita, —ruede la danza),
únense en himnos de amor,
que engendra el himno —de la esperanza.

Morirá la primavera,
suene la gaita, —ruede la danza.
Mas cada año en la pradera
tornará el manto —de la esperanza.

La inocencia de la vida
(calle la gaita, —pare la danza)
no tornará una vez perdida.
¡Perdí la mía! —¡ay mi esperanza!

PABLO PIFERRER
(1818-1848)

## NOTICIAS DEL PARNASO

En la margen del Hipocrene
peinándose el rubio Apolo,
gran tocador de guitarra
y literato de a folio,

dábase a los traductores,
que es cual darse a los demonios,
porque al mirarse en las aguas
halló un desierto en su rostro.

—Júpiter, quiero patillas
—gritaba alzando los ojos—,
que poeta sin bigotes
es como murga sin bombo.

En esto, oyendo alaridos,
voces, gritos y sollozos,
dijo: —Serán mis doncellas,
que se sacuden el polvo.

Querer mujeres calladas
es pedir peras al olmo,
las más bellas, desde lejos,
o de cerca o rato solo.

Apuesto a que están ahora
con las faldas en el moño,
hechos guantes los zapatos,
metidos a pies los rostros.

Cada cual tiene un capricho,
que defiende con encono,
y caprichos de mujeres
son humanos purgatorios.

Terpsícore la graciosa,
lengua larga y traje corto,
muy preciada de bolera,
se empeña en bailar el polo.

Dice que nubes y gasas,
pantorrillas y accesorios,
dando dinero al teatro,
quitan al hombre el meollo.

*EL ROMANTICISMO*

La alegre doña Talía
sostiene que gusta a todos,
traducida para unos
y andaluza para otros;
que ya enriquece la lengua
con galicismos muy gordos,
o ya a fuerza de toreros
convierte en toril el foro.

La musa de las charangas
organillos y piporros,
que hace ladrar a los perros
y dar saltos a los sordos;

la que a las chatas fregonas,
vulgo domésticos loros,
cobradoras de la sisa,
inspira *dolientes* tonos,

doña Euterpe, quiere un traje,
que ha de cansarla muy pronto,
hecho de tela gitana
y de *vaudeville* los forros.

Con él compondrá zarzuelas,
que son, si no me equivoco,
tonadillas por buen nombre,
sainetes malos por otro.

Doña Clío está escribiendo
(porque aquí escribimos todos)
historias de diputados,
banqueros, grandes y cómicos.

Melpómene gime y llora
entre diez actos y un prólogo,
oliendo a sangre y puñales,
venenos y calabozos.

Dice que en traje andaluz
trocar quiso el manto propio,
y estaba como un *franchute*
que va de majo a los toros.

Doña Elocuencia Polimnia
nos hace hablar por los codos,
que charlatán y elocuente
se tienen hoy por sinónimos.

Doña Calíope, viuda
de militares heroicos,
está en las clases pasivas,
sufre mucho y come poco;

y cual pobre vergonzante
suele pedir un socorro,
tan triste y desfigurada,
que a veces no la conozco.

Erato, musa de amores,
zagales, prados y arroyos,
por acostarse con niños
salió cual sabéis vosotros.

Dio, por su desgracia, numen
a comilones de fósforos,
pretendientes de sepulcros,
abrazos, duelos y robos:

a mocitos holgazanes
con un cerebro de agosto,
que hacen versos a la muerte
y a las muchachas el oso.

Doña Urania la embustera,
musa de ciencias y astrólogos,
directora de compases,
niveles y microscopios,

anda en un ferrocarril
con diez pares de anteojos,
no perdiendo la esperanza
de ver volar el Eolo.

Aquí llega Apolillo,
cuando creció el alboroto,
y oyó lo de: «A mucha honra»
con el: «Somos o no somos».

Por poder ver sin ser visto,
se escondió detrás de un tronco,
palco que en tales funciones
para el dios era de abono.

Y alargando el *coram vobis,*
rió de gusto y de asombro
al ver un sol en el cielo
y en la tierra siete u ocho.

JOSÉ GONZÁLEZ DE TEJADA
(1833-1894)

## *INDIANA*

Indica bella, Cori adorada,
el astro sumo tu tez morena
te dió, y la luna, la luz serena
    de tu mirar.
Tiñó tu trenza noche atezada;
pintó tus labios la rósea aurora;
te dió su talle la cimbradora
    palma real.
Las tiernas aves de la montaña
te han enseñado gratos cantares;
gracias te han dado los tutelares
    genios del bien.
Miel en tu lengua la dulce caña
vertió, y la brisa, que entre las flores
vuela, a tu aliento dió los olores
    de algún clavel.
Pero, ¡ay!, los Andes, cuando naciste,
alma de crudo hielo te han dado,
y de sus rocas, ¡ay!, han formado
    tu corazón.
Pues no te inflamas al ver al triste
yupanqui en llanto por ti deshecho,
ni su gemido hiere tu pecho,
    que nunca amó.

                            JUAN LEÓN MERA
                                 (1832-1894)

## CALIGO

Cierra la noche lóbrega: a lo lejos
se oyen roncas rugir las ondas bravas
en cuyos senos cóncavos se agita
el viento precursor de las borrascas
   ¡Ay!, ¡pobre marinera a quien sorprenda
el huracán soberbio!; ¡ay de la barca
lejos del puerto amigo, ciega y sola
sobre el espacio inmenso de las aguas!
   Sin una estrella en los cerrados cielos,
sin una luz en las desiertas playas,
¿dónde poner la descarriada proa
y con certero rumbo encaminarla?
   Sólo la densa oscuridad rompiendo
traidoras brillan las espumas blancas
que hirviendo en torno al sumergido escollo
al engañado náufrago amenazan.
   ¿Por qué su riesgo en evitar porfías,
alma que en noche oscura, solitaria,
a merced de los vientos y las olas
entre el fragor de la tormenta vagas?
   Seguro es el naufragio, ¿a qué resistes
y tu agonía y tu padecer dilatas?
No ofrece el mundo a tu miseria amparo
ni el cielo a tu dolor una esperanza.

                           AMOS DE ESCALANTE
                                (1831-1902)

## MARTIN FIERRO

Fragmento

### VIII

Otra vez en un boliche
estaba haciendo la tarde;
cayó un gaucho que hacía alarde
de guapo y de peliador.
A la llegada metió
el pingo hasta la ramada,
y yo sin decirle nada
me quedé en el mostrador.

Era un terne de aquel pago
que nadies lo reprendía,
que sus enriedos tenía
con el señor comendante;
y como era protegido,
andaba muy entonao,
y a cualquier desgraciao
lo llevaba por delante.

¡Ah, pobre!, si él mismo creiba
que la vida le sobraba.
Ninguno diría que andaba
aguaitándole la muerte.
Pero ansí pasa en el mundo,
es ansí la triste vida;
pa todos está escondida
la güena o la mala suerte.

## EL ROMANTICISMO

Se tiró al suelo: al dentrar
le dio un empellón a un vasco,
y me alargo un medio frasco,
diciendo: «Beba, cuñao».
«por su hermana, contesté,
que por la mía no hay cuidao».

«¡Ah, gaucho!», me respondió,
«¿de qué pago será crioyo?
¿Lo andará buscando el hoyo?
¿Deberá tener güen cuero?
Pero ande bala este toro
no bala ningún ternero».

Y ya salimos trenzaos,
porque el hombre no era lerdo;
mas como el tino no pierdo
y soy medio ligerón,
le dejé mostrando el sebo
de un revés con el facón.

Y como que la justicia
no andaba bien por allí,
cuando pataliar lo vi
y el pulpero pegó el grito,
ya pa el palenque salí,
como haciéndome chiquito.

Monté y me encomendé a Dios
rumbiando para otro pago;
que el gaucho que llaman vago
no puede tener querencia,
y ansí, de estrago en estrago,
vive llorando la ausencia.

El anda siempre juyendo,
siempre pobre y perseguido;
no tiene cueva ni nido,
como si juera maldito;
porque el ser gaucho... ¡barajo!,
el ser gaucho es un delito.

JOSÉ HERNÁNDEZ
(1834-1866)

*RIMAS*

I

No digáis que, agotado su tesoro,
de asuntos falta, enmudeció la lira;
podrá no haber poetas; pero siempre
habrá poesía.

Mientras las ondas de la luz al beso
palpiten encendidas;
mientras el sol las desgarradas nubes
de fuego y oro vista;

mientras el aire en su regazo lleve
perfumes y armonías;
mientras haya en el mundo primavera,
¡habrá poesía!

Mientras la ciencia a descubrir no alcance
las fuentes de la vida,
y en el mar o en el cielo haya un abismo
que al cálculo resista;

mientras la Humanidad, siempre avanzando,
no sepa a dó camina;
mientras haya un misterio para el hombre,
¡habrá poesía!

Mientras sintamos que se alegra el alma
sin que los labios rían;
mientras se llore sin que el llanto acuda
a nublar la pupila;

mientras el corazón y la cabeza
batallando prosigan;
mientras haya esperanzas y recuerdos,
¡habrá poesía!

Mientras haya unos ojos que reflejen
los ojos que los miran;
mientras responda el labio suspirando
al labio que suspira,

mientras sentirse puedan en un beso
dos almas confundidas;
mientras exista una mujer hermosa,
¡habrá poesía!

GUSTAVO ADOLFO BÉCQUER
(1836-1870)

## XVIII

Del salón en el ángulo oscuro,
de su dueña tal vez olvidada,
silenciosa y cubierta de polvo,
veíase el arpa.

¡Cuánta nota dormía en sus cuerdas,
como el pájaro duerme en las ramas,
esperando la mano de nieve
que sabe arrancarlas!

¡Ay!, pensé; ¡cuántas veces el genio
así duerme en el fondo del alma,
y una voz como Lázaro espera
que le diga «Levántate y anda»!

GUSTAVO ADOLFO BÉCQUER
(1836-1870)


## XXIV

Volverán las oscuras golondrinas
en tu balcón sus nidos a colgar,
y otra vez con el ala a sus cristales
    jugando llamarán.

Pero aquellas que el vuelo refrenaban
tu hermosura y mi dicha al contemplar,
aquellas que aprendieron nuestros nombres...
    esas... ¡no volverán!

*EL ROMANTICISMO*

Volverán las tupidas madreselvas
de tu jardín las tapias a escalar,
y otra vez a la tarde, aún más hermosas,
 sus flores abrirán.

Pero aquellas cuajadas de rocío,
cuyas gotas mirábamos temblar
y caer, como lágrimas del día...
 esas... ¡no volverán!

Volverán del amor en tus oídos
las palabras ardientes a sonar;
tu corazón de su profundo sueño
 tal vez despertará.

Pero mudo y absorto y de rodillas,
como se adora a Dios ante su altar,
como yo te he querido..., desengáñate,
 ¡así no te querrán!

GUSTAVO ADOLFO BÉCQUER
(1836-1870)

## XXVI

Asomaba a sus ojos una lágrima
y a mi labio una frase de perdón;
habló el orgullo y se enjugó su llanto.
Y la frase en mis labios expiró.

Yo voy por un camino; ella por otro;
pero al pensar en nuestro mutuo amor,
yo digo aún: ¿Por qué callé aquel día?
Y ella dirá: ¿Por qué no lloré yo?

GUSTAVO ADOLFO BÉCQUER
(1836-1870)

## «CERRARON SUS OJOS...»

Cerraron sus ojos,
que aún tenía abiertos;
taparon su cara
con un blanco lienzo;
y unos sollozando,
otros en silencio,
de la triste alcoba
todos se salieron.
La luz, que en un vaso
ardía en el suelo,
al muro arrojaba
la sombra del lecho;
y entre aquella sombra
veíase a intervalos

*EL ROMANTICISMO*

dibujarse rígida
la forma del cuerpo.
Despertaba el día,
y a su albor primero,
con sus mil ruidos
despertaba el pueblo.
Ante aquel contraste
de vida y misterios,
de luz y tinieblas,
medité un momento:
*«¡Dios mío, qué solos
se quedan los muertos!»*
De la casa en hombros
lleváronla al templo
y en una capilla
dejaron el féretro.
Allí rodearon
sus pálidos restos
de amarillas velas
y de paños negros.
Al dar de las ánimas
el toque postrero,
acabó una vieja
sus últimos rezos;
cruzó la ancha nave,
las puertas gimieron,
y el santo recinto
quedóse desierto.
De un reloj se oía
compasado el péndulo,
de algunos cirios
el chisporroteo.
Tan medroso y triste,
tan oscuro y yerto

todo se encontraba...,
que pensé un momento:
«*¡Dios mío, qué solos*
*se quedan los muertos!*»
De la alta campana
la lengua de hierro,
le dio, volteando,
su adiós lastimero.
El luto en la ropas,
amigos y deudos
cruzaron en fila,
formando el cortejo.
Del último asilo,
oscuro y estrecho,
abrió la piqueta
el nicho a un extremo.
Allí la acostaron,
tapiáronle luego,
y con un saludo
despidióse el duelo.
La piqueta al hombro,
el sepulturero,
cantando entre dientes,
se perdió a lo lejos.
La noche se entraba,
reinaba el silencio;
perdido en las sombras,
medité un momento:
«*¡Dios mío, qué solos*
*se quedan los muertos!*»
En las largas noches
del helado invierno,
cuando las maderas
crujir hace el viento

y azota los vidrios
el fuerte aguacero,
de la pobre niña
a solas me acuerdo.
Allí cae la lluvia
con un son eterno;
allí la combate
el soplo del cierzo.
Del húmedo muro
tendida en el hueco,
acaso de frío
se hielan sus huesos...
........................

¿Vuelve el polvo al polvo?
¿Vuela el alma al cielo?
¿Todo es vil materia,
podredumbre y cieno?
¡No sé; pero hay algo
que explicar no puedo,
que al par nos infunde
repugnancia y miedo,
al dejar tan tristes,
tan solos, los muertos!

GUSTAVO ADOLFO BÉCQUER
(1836-1870)

## EL AMANECER *(Crescendo)*

Blando céfiro mueve sus alas
empapadas de fresco rocío...
De la noche el alcázar sombrío
dulce alondra se atreve a turbar...
Las estrellas, cual sueños, se borran...
Sólo brilla magnífica una...
¡Es el astro del alba!—La luna
ya desciende, durmiéndose, al mar.

Amanece: en la raya del cielo
luce trémula cinta de plata,
que, trocada en fulgente escarlata,
esclarece la bóveda azul;
y montañas y selvas y ríos,
y del campo la mágica alfombra,
roto el negro capuz de la sombra
muestran nieblas de cándido tul.

¡Es de día! Los pájaros todos
lo saludan con arpa sonora,
y arboledas y cúspides dora
el intenso lejano arrebol.

El Oriente se incendia en colores...;
los colores en vívida lumbre...
¡y por cima de áspera cumbre
sale el disco inflamado del sol!

PEDRO ANTONIO DE ALARCÓN
(1833-1891)

## *LAS CAMPANAS*

Yo las amo, yo las oigo,
cual oigo el rumor del viento,
el murmurar de la fuente
o el balido del cordero.

Como los pájaros, ellas,
tan pronto asoma en los cielos
el primer rayo del alba,
le saludan con sus ecos.

Y en sus notas, que van prolongándose
por los llanos y los cerros,
hay algo de candoroso,
de apacible y de halagüeño.

Si por siempre enmudecieran,
¡qué tristeza en el aire y en el cielo!
¡Qué silencio en las iglesias!
¡Qué extrañeza entre los muertos!

Rosalía de Castro
(1837-1885)

## *A ORILLAS DEL SAR*
(Fragmento)

### I

Yo no sé lo que busco eternamente
en la tierra, en el aire y en el cielo;
yo no sé lo que busco; pero es algo
que perdí no sé cuándo y que no encuentro,
aun cuando sueñe que invisible habita
en todo cuanto toco y veo.
¡Felicidad, no he de volver a hallarte
en la tierra, en el aire, ni en el cielo,
aun cuando sé que existes
y no eres un vano sueño!

ROSALÍA DE CASTRO
(1837-1885)


## *¡DOS DE MAYO!*

Oigo, patria, tu aflicción
y escucho el triste concierto
que forman, tocando a muerto,
la campana y el cañón.
Sobre tu invicto pendón
miro flotantes crespones,
oigo alzarse a otras regiones,
en estrofas funerarias,
de la Iglesia, las plegarias,
y del Arte, las canciones.

*EL ROMANTICISMO*

Llorar porque te insultaron
los que su amor te ofrecieron...
¡A ti, a quien siempre temieron,
porque tu gloria admiraron;
a ti, por quien se inclinaron
los mundos de zona a zona;
a ti, soberbia matrona,
que, libre de extraño yugo,
no has tenido más verdugo
que el peso de tu corona!...

Doquiera la mente mía
sus alas rápida lleva,
allí un sepulcro se eleva
cantando tu valentía;
desde la cumbre bravía
que el sol indio tornasola
hasta el Africa, que inmola
sus hijos en torpe guerra,
¡no hay un puñado de tierra
sin una tumba española!...

Tembló el orbe a tus legiones,
y de la espantosa esfera
sujetaron la carrera
las garras de tus leones;
nadie humilló los pendones
ni te arrancó la victoria,
pues de tu gigante gloria
no cabe el rayo fecundo
ni en los ámbitos del mundo
ni en el libro de la Historia.

Siempre en lucha desigual
cantan tu invicta arrogancia
Sagunto, Cádiz, Numancia,
Zaragoza y San Marcial;
en tu seno virginal
no arraigan extraños fueros,
porque, indómitos y fieros,
saben hacer tus vasallos
frenos para sus caballos
con los cetros extranjeros.

Y aun hubo en la tierra un hombre
que osó profanar tu manto...
¡Espacio falta a mi canto
para maldecir su nombre!...
Sin que el recuerdo me asombre,
con ansia abriré la Historia;
presta luz a mi memoria,
y el mundo y la patria a coro
oirán el himno sonoro
de tus recuerdos de gloria.

Aquel genio de ambición
que, en su delirio profundo,
cantando guerra hizo al mundo
sepulcro de su nación,
hirió al ibero león,
ansiando a España regir;
y no llegó a percibir,
ebrio de orgullo y poder,
que no puede esclavo ser
pueblo que sabe morir.

## EL ROMANTICISMO

¡Guerra!, clamó ante el altar
el sacerdote con ira.
¡Guerra!, repitió la lira
con indómito cantar.
¡Guerra!, grito al despertar
el pueblo que al mundo aterra;
y cuando en hispana tierra
pasos extraños se oyeron,
hasta las tumbas se abrieron
gritando: ¡Venganza y guerra!

La virgen, con patrio ardor,
ansiosa salta del lecho;
el niño bebe en el pecho
odio a muerte al invasor;
la madre mata a su amor,
y cuando calmado está,
grita al hijo que se va:
«¡Pues que la patria lo quiere,
lánzate al combate y muere;
tu madre te vengará!...»

Y suenan patrias canciones,
cantando santos deberes;
y van roncas las mujeres
empujando los cañones:
al pie de libres pendones,
el grito de patria zumba.
Y el rudo cañón retumba,
y el vil invasor se aterra,
y al suelo le falta tierra
para cubrir tanta tumba...

Mártires de la lealtad,
que del honor al arrullo
fuisteis de la patria orgullo
y honra de la humanidad...
En la tumba descansad,
que el valiente pueblo ibero
jura con rostro altanero
que, hasta que España sucumba,
no pisará vuestra tumba
la planta del extranjero.

BERNARDO LÓPEZ GARCÍA
(1840-1877)

## *EL TREN EXPRESO*

(Fragmento)

Canto Primero

*La noche*

I

Habiéndome robado el albedrío
un amor tan infausto como mío,
ya recobrados la quietud y el seso,
volvía de París en tren expreso.
Y cuando estaba ajeno de cuidado,
como un pobre viajero fatigado
para pasar bien cómodo la noche,
muellemente acostado,

al arrancar el tren subió a mi coche,
seguida de una anciana,
una joven hermosa,
alta, rubia, delgada y muy graciosa,
digna de ser morena y sevillana.

## II

Luego, a una voz de mando,
por algún héroe de las artes dada,
empezó el tren a trepidar, andando
con un trajín de fiera encadenada.
Al dejar la estación lanzó un gemido
la máquina que libre se veía,
y corriendo al principio solapada,
cual la sierpe que sale de su nido,
ya, al claro resplandor de las estrellas,
por los campos, rugiendo, parecía
un león con melena de centellas.

## III

Cuando miraba atento
aquel tren que corría como el viento,
con sonrisa impregnada de amargura
me preguntó la joven con dulzura:
«¿Sois español?» Y a su armonioso acento,
tan armonioso y puro que aún ahora
el recordarlo sólo me embelesa,
«Soy español — le dije—. ¿Y vos, señora?»
«Yo —dijo— soy francesa».
«Podéis —la repliqué con arrogancia—
la hermosura alabar de vuestro suelo;
pues, creo, como hay Dios, que es vuestra Francia

un país tan hermoso como el cielo».
«Verdad que es el país de mis amores,
el país del ingenio y de la guerra;
pero, en cambio —me dijo—, es vuestra tierra
la patria del honor y de las flores.
No os podéis figurar cuánto me extraña
que, al ver sus resplandores,
el sol de vuestra España
no tenga, como el de Asia, adoradores».
Y después de halagarnos, obsequiosos,
del patrio amor el puro sentimiento,
entrambos nos quedamos silenciosos,
como heridos de un mismo pensamiento.

. . . . . . . . . . . . .

RAMÓN DE CAMPOAMOR
(1817-1901)

## ¡VICTORIA!

### I

—Tranquilo ve, mi hermoso caballero;
vence, humilla, derrota al moro fiero,
que, pues vas a la guerra, yo deploro
no poder ir contigo contra el moro.
Pero... sí, que mudando nombre y traje,
a tu lado estaré: seré tu paje.
Es vano que te opongas; yo te sigo,
para, si has de morir, morir contigo;
y por si tienes de vencer la gloria,
a tu lado gozar de la victoria.

### II

—Ya sé, moro traidor, mi triste suerte.
En tu poder, dame la muerte.
Matarme, a tu valor será un ultraje:
¡gran victoria es vencer a un pobre paje!
—Paje, no tal, hermosa castellana.
—¡Qué! —Te he visto bañarte esta mañana,
y eres, ¡fingido paje!, una doncella,
y me has enamorado por lo bella.

Si lograra gozar de tus favores,
fueran tus castellanos vencedores,
porque yo con mis huestes, niña hermosa,
emprendiera una fuga vergonzosa;
mas, logrando tu amor, niña hechicera,
¡que me juzgue la historia como quiera!


III

Clarines y anafiles y atabales
hacen en la ciudad salva y señales
de que viene el ejército cristiano
victorioso del fiero mahometano.
Vedlos; se acercan ya. Viene el primero
con su paje el hermoso caballero,
coronado de lauros y de gloria,
tremolando el pendón de la victoria.

JOSÉ ESTREMERA
(1852—1895)

## «CULTIVO UNA ROSA BLANCA...»

Cultivo una rosa blanca,
en julio como en enero,
para el amigo sincero
que me da su mano franca.
Y para el cruel que me arranca
el corazón con que vivo,
cardo ni oruga cultivo:
cultivo la rosa blanca.

JOSÉ MARTÍ
(1853-1895)


## «¿DEL TIRANO? DEL TIRANO...»

¿Del tirano? Del tirano
di todo, di más, y clava
con furia de mano esclava
sobre su oprobio al tirano.
¿Del error? Pues del error
di los antros, las veredas
oscuras, di cuanto puedas
del tirano y del error.
¿De mujer? Bien puede ser
que mueras de su mordida,
pero no manches tu vida
diciendo mal de mujer.

JOSÉ MARTÍ
(1853-1895)

# Del modernismo al transvanguardismo
## Siglo XX

## DEL MODERNISMO AL TRANSVANGUARDISMO

### ¡CÓMO CAMBIAN LOS TIEMPOS!

Cuando de niño empecé
*a darme a la poesía,*
tan en serio lo tomé,
que sólo en serio escribía.

Romántico exagerado,
era lo triste mi fuerte.
¡Válgame Dios! Le he soltado
cada soneto *¡A la muerte!*

La fatalidad, el sino,
el hado, la parca fiera,
el arroyo cristalino
y la tórtola parlera...

Todo junto le servía
a mi necia inspiración
para hacer el corazón.

No hubo desgracia ni duelo
que en verso no describiera...
¡Si estaba pidiendo al cielo
que la gente se muriera!

¿Que airado el mar se tragaba
la barca de un pescador?
Pues yo en mi lira lanzaba
los lamentos de dolor.

¿Que un amigo se moría,
viejo o joven, listo o zafio?
Pues ¡zas! al siguiente día
publicaba su epitafio.

¿Que una madre acongojada
gemía en llanto deshecha?
¿Que por una granizada
se perdía la cosecha?

Pues yo enjugaba aquel llanto
en versos de arte mayor,
y maldecía en un *Canto*
al *Granizo destructor.*
 Escéptico y pesimista,
¡me hacía unas reflexiones!...
Sirva de ejemplo esta lista
de varias composiciones:
 *Ludibrio. dios iracundo.*
*Profanación y adulterio.*
*Los desengaños del mundo.*
*El ciprés del cementerio.*
 Pues ¿y una composición
en que, imitando a otros vates,
con la mejor intención
decía estos disparates?:
 «¡Ay! El mundo en su falsía
»aumentará mi delito,
»vertiendo en el alma mía
»la duda de lo infinito.
 »¡Triste, errante y moribundo,
»sigo el ignoto sendero,
»sin encontrar en el mundo
»un amigo verdadero!
 »¡Todo es falsedad, mentira!
»¡En vano busco la calma!
»¡Son las cuerdas de mi lira
»sensibles fibras del alma!
 »¡El mundo, en su loco anhelo,
»me empuja hacia el hondo abismo!
»¡Dudo de Dios y del cielo,
»y hasta dudo de mí mismo!
 »¡Esta existencia me hastía!
»¡Nada en el mundo es verdad!»

*DEL MODERNISMO AL TRANSVANGUARDISMO*

... ... ... ... ... ... ... ... ... ... ... ... ...
¡Y todo esto lo decía
a los quince años de edad!
　Francamente, yo no sé
cómo algún lector sensato
no me pegó un puntapié
por necio y por mentecato.

\* \* \*

　Por fortuna ya no siento
aquellas melancolías,
ni doy a nadie tormento
con vanas filosofías.
　Ya no me meto en honduras
ni hablo de llantos ni penas,
ni canto mis amarguras
ni las desdichas ajenas.
　He cambiado de tal modo,
que soy diferente;
pues hoy me río de todo,
¡y me va perfectamente!

Vital Aza
(1851-1912)

## ¡HOY LAS CIENCIAS ADELANTAN...!

—Pero ¿qué es lo que te ocurre
pa ponerle a uno esa jeta,
que paece que estás tratando
con el que cobra las cédulas?
¡Jesús qué Dios!
     —¡Y agradece
que no coja la cazuela
y te la estampe en los sesos
pa ver si es que así te enteras!
—¿De qué?
    —¡De que ya me tienes
cansao de cenar lentejas
y alubias lo mismo que entran!
Y te advierto, pa que luego
no te pille de sorpresa,
que o me cambias los «menuses»
o estás a las consecuencias.
—¡Rediós!, pues ¿qué quieres?
      —Cosas
variás y que fortalezgan,
porque el hombre que trabaja
si no se nutre la entrega.
—Pero ¡vente aquí a razones
y escucha y vamos a cuentas!
¿Tú cuánto ganas?
     —Diez reales.
—¿Cuánto has dicho?
     —¡Dos cincuenta!
—Diez reales, ¿verdá? Pues oye:
rebaja dos que te dejas
desfiguraos tóos los días

en la maldita taberna
¡que así permita Dios que arda
con tóos los que entráis en ella!...)
—¡Muchas gracias!
                    —Y resulta
que ya son ocho; descuenta
otro par de ellos que gastas
en tabaco y cosas de ésas;
deduce los que me «pisas»
pa el mus ilustrao; aumenta,
a lo que rebajas, uno
que le das a la Nemesia
pa que saque alante el chico
que tuvo estando soltera,
y ahora, si lo reflexionas,
dime si con la peseta
cochina que traes a casa
quiés que te sirva cocletas
de arzobispo y que te ponga
un faetón a la puerta.
—¡No quiero eso!
                    —¡Pues entonces!
—Pero ¡ven aquí, so bestia,
que eres una especie de Osma
pa azministrar!
                    —¡No me ofendas,
Saturnino!
                    —¡Si es que le haces
perder a uno la chaveta!
Si tu padre, que esté en gloria,
no hubiese sido una acémila
y te habiá dao una miaja
de coltura, y no tuvieras
ese defezto que tienes

de que eres analfabeta
de nación, y te enteraras
de lo que dice la Prensa,
sabrías como era quisque
que en el día de la fecha
pa vivir a lo maznate
basta y sobra una peseta.
—¡Caray!
   —¿Lo tomas a chunga?
Bueno; pues oye la idea
que se le ha ocurrido a un socio
y que vista de primera
intención, paece una cosa
de magia.
   —¡Vamos a verla!
—a ti te dan un «carnete»...
—¿Y qué es eso?
   —Una tarjeta
que no cuesta ná; en el azto
vas y te compras con ella,
verbo en gracia, una camisa
que vale un par de pesetas,
y si exhibes el «carnete»
van y te rebajan media.
 Necesito yo unas botas
(que ahora da la concidencia
de que sí que me hacen falta,
porque llevo un dátil fuera),
pues me voy a un zapatero
de los que tién conivencia
con el socio, y si le había
de pagar sin la tarjeta
tres duros, es un digamos,
pues le pago dos con ella.

Pon que ese mismo derecho
te asiste pa el de la tienda
de ultramarinos, pa el sastre
y pa tóos los que comercian;
añade que, además de eso,
quié el sino que te trompiezas,
vamos al decir, con uno
de los premios que sortean
(porque igual te pué caer
a ti que a otro cualisquiera),
y resulta que a fin de año,
con poca suerte que tengas,
comes lo mismo que un oso,
vistes mejor que la reina,
gastas, si quiés, otromóvil,
y además, tiés una renta
vitalicia pa tóo el tiempo
que te dure la esistencia.
—Sí; pero pa eso hará falta
tener guita.
        —Conque puedas
juntar cuatro o cinco duros
y empieces a darles vueltas,
ya tiés segura la vida
y está resuelto el problema.
—¿Y entran también los caseros
en la cosa?
        —¡No camelan!
Hay tres clases que no aceden
a rebajar ni una perra,
que son: las amas de cría,
los caseros y la Iglesia.
Pero eso, como tú sabes,
ni a ti ni a mí nos afezta;

el casero, porque ties
quien nos pague la vivienda,
gracias a Dios; la nodriza,
porque continuas inédita,
y lo otro, porque siguiendo
«mangue» viudo y tú soltera,
nos hace la misma falta
que a un Santo Crista una percha.
—¡Oye, pues busca el «carnete!»
—¡Toma, pues no, que se juega!

JOSÉ LÓPEZ SILVA
(1860-1925)

## ESTANCIAS

Éste es el muro, y en la ventana
que tiene un marco de enredadera
dejé mis versos una mañana,
una mañana de primavera.

Dejé mis versos en que decía
con frase ingenua cuitas de amores;
dejé mis versos que al otro día
su blanca mano pagó con flores.

Éste es el huerto, y en la arboleda,
en el recodo de aquel sendero,
ella me dijo con voz muy queda:
—Tú no comprendes lo que te quiero.

Junto a las tapias de aquel molino,
bajo la sombra de aquellas vides,
cuando el carruaje tomó el camino,
gritó llorando: —¡Que no me olvides!

Todo es lo mismo: ventana y yedra,
sitios umbrosos, fresco emparrado,
gala de un muro de tosca piedra;
y, aunque es lo mismo, todo ha cambiado.

No hay en la casa seres queridos;
entre las ramas hay otras flores;
hay nuevas hojas y nuevos nidos,
y en nuestras almas nuevos amores.

FRANCISCO A. DE ICAZA
(1863-1925)

## SALAMANCA, SALAMANCA

Salamanca, Salamanca,
renaciente maravilla,
académica palanca
de mi visión de Castilla.
Oro en sillares de soto
de las riberas del Tormes:
de viejo saber remoto
guardas recuerdos conformes.
Hechizo salmanticense
de pedantesca dulzura;
gramática del Brocense,
florón de literatura.
¡Ay mi Castilla latina
con raíz gramatical,
ay tierra que se declina
por luz sobrenatural!

MIGUEL DE UNAMUNO
(1865-1936)

## *LEER*

Leer, leer, leer, vivir la vida
que otros soñaron.
Leer, leer, leer, el alma olvida
las cosas que pasaron.

Se quedan las que quedan, las ficciones,
las flores de la pluma,
las olas, las humanas creaciones,
el poso de la espuma.

Leer, leer, leer; ¿seré lectura
mañana también yo?
¿Seré mi creador, mi criatura,
seré lo que pasó?

El cuerpo canta;
la sangre aúlla;
la tierra charla;
el mar murmura;
el cielo calla
y el hombre escucha.

MIGUEL DE UNAMUNO
(1865-1936)

## MADRE, LLÉVAME A LA CAMA

—Madre, llévame a la cama,
que no me tengo de pie.
—Ven, hijo. Dios te bendiga
y no te deje caer.
—No te vayas de mi lado,
cántame el cantar aquél.
—Me lo cantaba mi madre;
de mocita lo olvidé,
cuando te apreté a mis pechos
contigo lo recordé.
—¿Qué dice el cantar, mi madre,
qué dice el cantar aquél?
—No dice, hijo mío, reza,
reza palabras de miel;
reza palabras de ensueño
que nada dicen sin él.
—¿Estás aquí, madre mía?
Porque no te logro ver...
—Estoy en ti, con tu sueño;
duerme, hijo mío, con fe.

MIGUEL DE UNAMUNO
(1865-1936)

*DEL MODERNISMO AL TRANSVANGUARDISMO*

## *CANCION DE OTOÑO EN PRIMAVERA*

¡Juventud divino tesoro,
ya te vas para no volver!
Cuando quiero llorar, no lloro,
y a veces lloro sin querer...

Plural ha sido la celeste
historia de mi corazón.
Era una dulce niña en este
mundo de duelo y aflicción.

Miraba como el alba pura,
sonreía como una flor.
Era su cabellera oscura,
hecha de noche y de dolor.

Yo era tímido como un niño;
ella, naturalmente, fue
para mi amor hecho de armiño,
Herodías y Salomé...

¡Juventud, divino tesoro
ya te vas para no volver!
Cuando quiero llorar, no lloro,
y a veces lloro sin querer...

La otra fue más sensitiva,
y más consoladora y más
halagadora y expresiva,
cual no pensé encontrar jamás.

Pues a su continua ternura
una pasión violenta unía.

En un peplo de gasa pura
una bacante se envolvía...

En sus brazos tomó mi ensueño
y lo arrulló como a un bebé...
Y le mató, triste y pequeño,
falto de luz, falto de fe...

¡Juventud divino tesoro,
te fuiste para no volver!
Cuando quiero llorar, no lloro,
y a veces lloro sin querer...

Otra juzgó que era mi boca
el estuche de su pasión;
y que me roería, loca,
con sus dientes el corazón,

poniendo en un amor de exceso
la mira de su voluntad,
mientras eran abrazo y beso
síntesis de la eternidad;

y de nuestra carne ligera
imaginar siempre un Edén,
sin pensar que la Primavera
y la carne acaban también...

¡Juventud, divino tesoro,
ya te vas para no volver!
Cuando quiero llorar, no lloro,
y a veces lloro sin querer...

¡Y las demás! En tantos climas,

en tantas tierras, siempre son,
si no pretextos de mis rimas,
fantasmas de mi corazón.

En vano busqué a la princesa
que estaba triste de esperar.
La vida es dura. Amarga y pesa.
¡Ya no hay princesa que cantar!

Mas, a pesar del tiempo terco,
mi sed de amor no tiene fin;
con el cabello gris me acerco
a los rosales del jardín...

¡Juventud, divino tesoro,
ya te vas para no volver!
Cuando quiero llorar, no lloro,
y a veces lloro sin querer...
¡Mas es mía el Alba de oro!

RUBÉN DARÍO
(1867-1916)

## *AMADO NERVO*

Amado es la palabra en que amar se concreta;
Nervo es la vibración de los nervios del mal.
Bendita sea, y pura la canción del poeta
que lanzó sin pensar su frase de cristal.

Fraile de mis suspiros, celeste anacoreta
que tienes en blancura la azúcar y la sal:
¡muéstrame el lirio puro que sigues en la veta
y hazme escuchar el eco de tu alma sideral!

Generoso y sutil como una mariposa,
encuentra en mí la miel de lo que soy capaz
y goza en mí la dulce fragancia de la rosa.

No busques en mis gestos el alma de mi faz;
quiere lo que se aquieta, busca lo que reposa,
¡y ten como una joya la perla de la Paz!

RUBÉN DARÍO<br>(1867-1916)

## *CARACOL*

En la playa he encontrado un caracol de oro
macizo y recamado de las perlas más finas;
Europa le ha tocado con sus manos divinas
cuando cruzó las ondas sobre el celeste toro.

He llevado a mis labios el caracol sonoro
y he suscitado el eco de las dianas marinas,
le acerqué a mis oídos y las azules minas
me han contado en voz baja su secreto tesoro.

Así la sal me llega de los vientos amargos
que en sus hinchadas velas sintió la nave Argos
cuando amaron los astros el sueño de Jasón;

y oigo un rumor de olas y un incógnito acento
y un profundo oleaje y un misterioso viento...
(el caracol la forma tiene de un corazón).

RUBÉN DARÍO
(1867-1916)

## SONATINA

La princesa está triste... ¿qué tendrá la princesa?
Los suspiros se escapan de su boca de fresa,
que ha perdido la risa, que ha perdido el color.
La princesa está pálida en su silla de oro,
está mudo el teclado de su clave sonoro
y en un vaso, olvidada, se desmaya una flor.

El jardín puebla el triunfo de los pavos reales.
Parlanchina, la dueña, dice cosas banales,
y vestido de rojo, piruetea el bufón.
La princesa no ríe, la princesa no siente;
la princesa persigue por el cielo de Oriente
la libélula vaga de una vaga ilusión.

¿Piensa acaso en el príncipe de Golconda o de
 [China,
o en el que ha detenido su carroza argentina
para ver de sus ojos la dulzura de luz,
o en el rey de las islas de las rosas fragantes,
o en el que es soberano de los claros diamantes,
o en el dueño orgulloso de las perlas de Ormuz?

¡Ay!, la pobre princesa de la boca de rosa
quiere ser golondrina, quiere ser mariposa,
tener alas ligeras, bajo el cielo volar;
ir al sol por la escala luminosa de un rayo,
saludar a los lirios con los versos de mayo,
o perderse en el viento sobre el trueno del mar.

Ya no quiere el palacio, ni la rueca de plata,
ni el halcón encantado, ni el bufón escarlata,
ni los cisnes unánimes en el lago de azur.

## DEL MODERNISMO AL TRANSVANGUARDISMO

Ya están tristes las flores por la flor de la corte;
los jazmines de Oriente, los nelumbos del Norte,
de Occidente las dalias y las rosas del Sur.

¡Pobrecita princesa de los ojos azules!
¡Está presa en sus oros, está presa en sus tules,
en la jaula de mármol del palacio real;
el palacio soberbio que vigilan los guardas,
que custodian cien negros con sus cien alabardas,
un lebrel que no duerme y un dragón colosal!

¡Oh, quién fuera hipsipila que dejó la crisálida!
(La princesa está triste, la princesa está pálida.)
¡Oh visión adorada de oro, rosa y marfil!
¡Quién volara a la tierra donde un príncipe existe
(la princesa está pálida, la princesa está triste)
más brillante que el alba, más hermoso que Abril.

—¡Calla, calla, princesa —dice el hada madrina—,
en caballo con alas hacia acá se encamina,
en el cinto la espada y en la mano el azor,
el feliz caballero que te adora sin verte,
y que llega de lejos, vencedor de la Muerte,
a encenderte los labios con su beso de amor!

RUBÉN DARÍO
(1867-1916)

## *EL SUEÑO DEL CAIMÁN*

Enorme tronco que arrastró la ola,
yace el caimán varado en la ribera:
espinazo de abrupta cordillera,
fauces de abismo y formidable cola.

El sol envuelve su fúlgida aureola,
y parece lucir cota y cimera,
cual monstruo de metal que reverbera
y que al reverberar se tornasola.

Inmóvil como un ídolo sagrado,
ceñido en mallas de compacto acero,
está ante el agua estático y sombrío,

a manera de un príncipe encantado
que vive eternamente prisionero
en el palacio de cristal de un río...

JOSÉ SANTOS CHOCANO
(1867-1935)


## *NOSTALGIA*

Hace ya diez años
que recorro el mundo.
¡He vivido poco!
¡Me he cansado mucho!
Quien vive de prisa no vive de veras,
quien no echa raíces no puede dar frutos.

Ser río que corre, ser nube que pasa,
sin dejar recuerdo ni rastro ninguno,
es triste, y más triste para quien se siente
nube en lo elevado, río en lo profundo.

Quisiera ser árbol mejor que ser ave,
quisiera ser leño mejor que ser humo;
    y al viaje que cansa
    prefiero el terruño;
la ciudad nativa con sus campesinos,
arcaicos balcones, portales vetustos
y calles estrechas, como si las casas
tampoco quisieran separarse mucho...
    Estoy en la orilla
    de un sendero abrupto.
Miro la serpiente de la carretera
que en cada montaña da vueltas a un nudo;
y entonces comprendo que el camino es largo,
    que el terreno es brusco,
    que la cuesta es ardua,
    que el paisaje es mustio...
¡Señor! ¡Ya me canso de viajar! ¡Ya siento
nostalgia, ya ansío descansar muy junto
de los míos...! Todos rodearán mi asiento
para que les diga penas y triunfos;
y yo, a la manera del que recorriera
un álbum de cromos, contaré con gusto
las mil y una noches de mis aventuras
y acabaré en esta frase de infortunio:
    —¡He vivido poco!
    ¡Me he cansado mucho!

JOSÉ SANTOS CHOCANO<br>(1867-1935)

## *AL INFINITO AMOR*

¡Vuelve a mí la caricia de tus ojos!
Mi corazón, que estremeció el deseo,
arderá como incienso en tu mirada...

¡Vuelve a mí la caricia de tus ojos!
A mi noche poblada de visiones,
la alegría auroral de tu mirada...

Desfallezca mi espíritu en tus ojos,
gozosamente, luminosamente,
al infinito amor de tu mirada...

El argentino timbre de tu risa,
harmonioso sueño mío, llene
de lírica harmonía mis oídos.

De lírica harmonía, como el canto
del ruiseñor, la selva dolorosa
donde caen las hojas como lágrimas...

Ciña mi cuello el lazo de tus brazos,
llamaradas ebúrneas, desprendidas
de la amorosa hoguera de tu cuerpo.

Desvanézcase el sueño de mi vida
en el sueño de fuego de tus ojos,
en el sueño de mármol de tus brazos...

JAIMES FREYRE

## LA ROSA PANIDA

¡Cómo me hablaste
en las rosas
cuando rosas
segó mi hoz,
voz de las cosas,
lejana voz!
¡Cuántas victorias me contaste,
con cuántas divinas batallas
mi alma alumbraste,
voz que callas!
¡Mística rosa del elogio!
¡Fragancia de la letanía!
¡Luz de Eucologio!
¡Salmo del día!
¡Cómo encendiste mis deseos,
cómo me hablaste del placer
con tus trofeos
de mujer!
¡Yo era lleno de alegre furia,
y tú fuiste a mi corazón
voz de lujuria
de Salomón!
¡Rosa! ¡Divina flor del rito
de amar, cantar y adormecer!
¡Amor en grito!
¡Boca de mujer!
¡Estrofa de líricos prismas,
tú engañaste mi corazón
con sofismas
de Zenón!
¡Verso dorado y pitagórico
como el verso que dice el mar!

¡Verso eufórico!
¡Verso solar!
Por tu enigma reminiscente
para el recuerdo venusino
del beso ardiente
como el vino.
¡Rosa llena de alegorías
antiguas! ¡Divina y carnal!
¡Flor de Herodías
y de Grial!
Rosa ungida, ¿por qué no exuda
la carne que amamos tu olor,
cuando es desnuda
para el amor?

RAMÓN DEL VALLE INCLÁN
(1869-1936)

## *ROSA DEL CAMINANTE*

Alamos fríos en un claro cielo
azul, con timideces de cristal,
sobre el río la bruma como un velo,
y las dos torres de la catedral.

Los hombres, secos y reconcentrados,
las mujeres deshechas de parir;
rostros oscuros llenos de cuidados,
todas las bocas clásico el decir.

La fuente seca. En torno al vocerío,
los odres a la puerta del mesón,
y las recuas que bajan hacia el río,

y las niñas que acuden al sermón.
¡Mejillas sonrosadas por el frío
de Astorga, de Zamora, de León!

Ramón del Valle Inclán<br>(1869-1936)

## *OCEANIDA*

El mar, lleno de turgencias masculinas,
bramaba en derredor de tu cintura,
y, como un brazo colosal, la oscura
ribera te amparaba. En tus retinas
   y en tus cabellos, y en tu astral blancura,
rieló con decadencias opalinas,
con luz de las tardes mortecinas
que en el agua pacífica perdura.
   Palpitando a los ritmos de tu seno
hinchóse en una ola el mar sereno;
para hundirte en sus vértigos felinos
   su voz te dijo una caricia vaga,
y al penetrar entre tus muslos finos,
la onda se aguzó como una daga.

Leopoldo Lugones<br>(1869-1938)

## ALMA VENTUROSA

Al promediar la tarde de aquel día,
cuando iba mi habitual adiós a darte,
fué una vaga congoja de dejarte
lo que me hizo saber que te quería.

Tu alma, sin comprenderlo, ya sabía...
Con tu rubor me iluminó al hablarte,
y al separarnos te pusiste aparte
del grupo, amedrentada todavía.

Fué silencio y temblor nuestra sorpresa;
mas ya la plenitud de la promesa
nos infundía un júbilo tan blando,
que nuestros labios suspiraron quedos...
Y tu alma estremecíase en tus dedos
como si se estuviera deshojando.

**LEOPOLDO LUGONES**
(1874-1933)

## LA PALMERA

Al llegar la hora esperada
en que de amarla me muera,
que dejen una palmera
sobre mi tumba plantada.

Así, cuanto todo calle,
en el olvido disuelto,
recordará el tronco esbelto
la elegancia de su talle.

En la copa, que su alteza
doble con melancolía,
se abatirá la sombría
dulzura de su cabeza.

Entregará con ternura
la flor, al viento sonoro,
el mismo reguero de oro
que dejaba su hermosura.

Y sobre el páramo yerto,
parecerá que su aroma
la planta florida toma
para aliviar al desierto.

Y que con deleite blando,
hasta el nómade versátil
va en la dulzura del dátil
sus dedos de ámbar besando.

Como un suspiro al pasar,
palpitando entre las hojas,
murmurará mis congojas
la brisa crepuscular.

Y mi recuerdo ha de ser,
en su angustia sin reposo,
el pájaro misterioso
que vuelve al anochecer.

LEOPOLDO LUGONES

## EL AMA

I

Yo aprendí en el hogar en que se funda
la dicha más perfecta,
y para hacerla mía
quise yo ser como mi padre era
y busqué una mujer como mi madre
entre las hijas de mi hidalga tierra.
Y fuí como mi padre, y fué mi esposa
viviente imagen de la madre muerta.
¡Un milagro de Dios, que ver me hizo
otra mujer como la santa aquélla!
Compartían mis únicos amores
la amante compañera,
la patria idolatrada,
la casa solariega,
con la heredada historia,
con la heredada hacienda.
¡Qué buena era la esposa
y qué feraz mi tierra!
¡Qué alegre era mi casa
y qué sana mi hacienda,
y con qué solidez estaba unida
la tradición de la honradez a ellas!
Una sencilla labradora, humilde
hija de oscura, castellana aldea;
una mujer trabajadora, honrada,
cristiana, amable, cariñosa y seria,
trocó mi casa en adorable idilio
que no pudo soñar ningún poeta.
¡Oh, cómo se suaviza

el penoso trajín de las faenas
cuando hay amor en casa
y con él mucho pan se amasa en ella
para los pobres que a su sombra viven,
para los pobres que por ella bregan!
¡Y cuánto lo agradecen sin decirlo!,
y cuánto por la casa se interesan,
y cómo ellos la cuidan,
y cómo Dios la aumenta!
Todo lo pudo la mujer cristiana,
logrólo todo la mujer discreta.
 La vida en la alquería
giraba en torno de ella
pacífica y amable,
monótona y serena...
 ¡Y cómo la alegría y el trabajo
donde está la virtud se compenetran!
 Lavando en el regato cristalino
cantaban las mozuelas,
y cantaban en los valles el vaquero,
y cantaban los mozos en las tierras,
y el aguador camino de la fuente,
y el cabrerillo en la pelada cuesta...
¡Y yo también cantaba,
que ella y el campo hiciéronme poeta!
 Cantaba el equilibrio
de aquel alma serena
como los anchos cielos,
como los campos de mi amada tierra;
y cantaban también aquellos campos,
los de los pardas, onduladas cuestas,
los de los mares de enceradas mieses,
los de las mudas perspectivas serias,
los de las castas soledades hondas,

los de las grises lontananzas muertas...
   El alma se empapaba
en la solemne clásica grandeza
que llenaba los ámbitos abiertos
del cielo y de la tierra.
   ¡Qué plácido el ambiente,
qué tranquilo el paisaje, qué serena
la atmósfera azulada se extendía
por sobre el haz de la llanura inmensa!
   La brisa de la tarde
meneaba, amorosa, la alameda,
los zarzales floridos del cercado,
los guindos de la vega,
las mieses de la hoja,
la copa verde de la encina vieja...
¡Monorrítmica música del llano,
qué grato su sonar, qué dulce era!
   La gaita del pastor de la colina
lloraba las tonadas de la tierra,
cargadas de dulzuras,
cargadas de monótonas tristezas,
y dentro del sentido
caían las cadencias,
como doradas gotas
de dulce miel que del panal fluyeran.
   La vida era solemne;
puro y sereno el pensamiento era;
sosegado el sentir, como las brisas;
mudo y fuerte el amor, mansas las penas,
austeros los placeres,
raigadas las creencias,
sabroso el pan, reparador el sueño,
fácil el bien y pura la conciencia.
   ¡Qué deseos el alma

tenía de ser buena,
y cómo se llenaba de ternura
cuando Dios le decía que lo era!

## II

Pero bien se conoce
que ya no vive ella;
el corazón, la vida de la casa
que alegraba el trajín de las tareas,
la mano bienhechora
que con las sales de enseñanzas buenas
amasó tanto pan para los pobres
que regaban, sudando, nuestra hacienda.
¡La vida en la alquería
se tiñó para siempre de tristeza!
Ya no alegran los mozos de besana
con las dulces tonadas de la tierra,
que al paso perezoso de las yuntas
ajustaban sus lánguidas cadencias.
Mudos de casa salen,
mudos pasan el día en sus faenas,
tristes y mudos vuelven
y sin decirse una palabra cenan;
que está el aire de casa
cargado de tristeza,
y palabras y ruidos importunan
la rumia sosegada de las penas.
Y rezamos, reunidos, el Rosario,
sin decirnos por quién... pero es por ella.
Que aunque ya no su voz a orar nos llama
su recuerdo querido nos congrega,
y nos pone el Rosario entre los dedos
y las santas plegarias en la lengua.

¡Qué días y qué noches!
¡Con cuánta lentitud las horas ruedan
por encima del alma que está sola
llorando en las tinieblas!
   Las sales de mis lágrimas amargan
el pan que me alimenta;
me cansa el movimiento,
me pesan las faenas,
la casa me entristece
y he perdido el cariño de la hacienda.
   ¡Qué me importan los bienes
si he perdido mi dulce compañera!
   ¡Qué compasión me tienen mis criados
que ayer me vieron con el alma llena
de alegrías sin fin que rebosaban
y suyas también eran!
   Hasta el hosco pastor de mis ganados,
que ha medido la hondura de mi pena,
si llego a su majada
baja los ojos y ni hablar quisiera:
y dice al despedirme: «Animo, amo;
*haiga* mucho valor y *haiga pacencia...*»
Y tiembla la voz cuando lo dice,
y se enjuga una lágrima sincera,
que en la manga de la áspera zamarra
temblando se le queda...
   ¡Me ahogan estas cosas,
me matan de dolor estas escenas!
   ¡Que me anime, pretende, y él no sabe
que de su choza en la techumbre negra
le he visto yo escondida
la dulce gaita aquella
que cargaba el sentido de dulzuras
y llenaba los aires de cadencias!...

¿Por qué ya no la toca?
¿Por qué los campos su tañer no alegra?
Y el atrevido vaquerillo sano
que amaba a una mozuela
de aquellas que trajinan en la casa,
¿por qué no ha vuelto a verla?
¿Por qué no canta en los tranquilos valles?
¿Por qué no silba con la misma fuerza?
¿Por qué no quiere restallar la honda?
¿Por qué está muda la habladora lengua,
que al amo le contaba sus sentires
cuando el amo le daba la licencia?
«¡El ama era una santa!»...
me dicen todos cuando me hablan de ella.
«¡Santa, santa!», me ha dicho
el viejo señor cura de la aldea,
aquel que le pedía
las limosnas secretas
que de tantos hogares ahuyentaban
las hambres, y los fríos, y las penas,
¡Por eso los mendigos
que llegan a mi puerta
llorando se descubren
y un Padrenuestro por el *ama* rezan!
El velo del dolor me ha oscurecido
la luz de la belleza.
Ya no saben hundirse mis pupilas
en la visión serena
de los espacios hondos,
puros y azules, de extensión inmensa.
Ya no sé traducir la poesía,
ni del alma en la medula me entra
la intensa melodía del silencio
que en la llanura quieta

parece que descansa,
parece que se acuesta.
  Será puro el ambiente, como antes,
y la atmósfera azul será serena,
y la brisa amorosa
moverá con sus alas la alameda,
los zarzales floridos,
los guindos de la vega,
las mieses de la hoja,
la copa verde de la encina vieja...
  Y mugirán los tristes becerrillos,
lamentando el destete, en la pradera,
y la de alegres recentales dulces,
tropa gentil, escalará la cuesta
balando plañideros
al pie de las dulcísimas ovejas;
y cantará en el monte la abubilla,
y en los aires la alondra mañanera
seguirá derritiéndose en gorjeos,
musical filigrana de su lengua...
  Y la vida solemne de los mundos
seguirá su carrera
monótona, inmutable,
magnífica, serena...
  Mas ¿qué me importa todo,
si el vivir de los mundos no me alegra,
ni el ambiente me baña en bienestares,
ni las brisas a música me suenan,
ni el cantar de los pájaros del monte
estiluma mi lengua,
ni me mueve a ambición la perspectiva
de la abundante próxima cosecha,
ni el vigor de mis bueyes me envanece,
ni el paso del caballo me recrea,

ni me embriaga el olor de las majadas,
ni con vértigos dulces me deleitan
el perfume del heno que madura
y el perfume del trigo que se encera?
    Resbala sobre mí sin agitarme
la dulce poesía en que se impregnan
la llanura sin fin, toda quietudes,
y el magnífico cielo, todo estrellas.
    Y ya mover no pueden
mi alma de poeta
ni las de mayo auroras nacarinas,
con húmedos vapores en las vegas,
con cánticos de alondra y con efluvios
de rociadas frescas,
ni estos de otoño atardeceres dulces
de manso resbalar, pura tristeza
de la luz que se muere
y el paisaje borroso que se queja...,
ni las noches románticas de julio,
magníficas, espléndidas,
cargadas de silencios rumorosos
y de sanos perfumes de las eras;
noches para el amor, para la rumia
de las grandes ideas,
que a la cumbre al llegar de las alturas
se hermanan y se besan...
    ¡Cómo tendré yo el alma,
que resbala sobre ella
la dulce poesía de mis campos
como el agua resbala por la piedra!
    Vuestra paz era imagen de mi vida,
¡oh campos de mi tierra!
Pero la vida se me puso triste
y su imagen de ahora ya no es ésa:

en mi casa, es el frío de mi alcoba,
es el llanto vertido en sus tinieblas;
en el campo, es el árido camino
del barbecho sin fin que amarillea.

... ... ... ... ... ... ... ... ... ... ... ... ... ... ... ...

Pero yo ya sé hablar como mi madre
y digo como ella
cuando la vida se le puso triste:
«¡Dios lo ha querido así! ¡Bendito sea!»

José María Gabriel y Galán
(1870-1903)

## A KEMPIS

> *Sicut nubes, quasi naves,*
> *velut umbra...*

Ha muchos años que busco el yermo,
ha muchos años que vivo triste;
ha muchos años que estoy enfermo,
¡y es por el libro que tú escribiste!

¡Oh, Kempis, antes de leerte, amaba
la luz, las vegas, el mar Océano;
mas tú dijiste que todo acaba,
que todo muere, que todo es vano!

Antes, llevado de mis antojos,
besé los labios que al beso invitan,
las rubias trenzas, los grandes ojos,
¡sin acordarme que se marchitan!

Mas como afirman doctores graves
que tú, maestro, citas y nombras,
que el hombre pasa *como las naves,*
*como las nubes, como las sombras,*

huyo de todo terreno lazo,
ningún cariño mi mente alegra
y con tu libro bajo el brazo
voy recorriendo la noche negra...

¡Oh, Kempis, Kempis, asceta yermo,
pálido asceta, qué mal me hiciste!
Ha muchos años que estoy enfermo,
¡y es por el libro que tú escribiste!

AMADO NERVO<br>(1870-1919)

## *ADELFOS*

Yo soy como las gentes que a mi tierra vinieron
—soy de la raza mora, vieja amiga del Sol—,
que todo lo ganaron y todo lo perdieron.
Tengo el alma de nardo del árabe español.

Mi voluntad se ha muerto una noche de luna
en que era muy hermoso no pensar ni querer...
Mi ideal es tenderme, sin ilusión ninguna...
De cuando en cuando, un beso y un nombre de
                                            [mujer.

En mi alma, hermana de la tarde, no hay contornos;
y la rosa simbólica de mi única pasión
es una flor que nace en tierras ignoradas
y que no tiene aroma, ni forma, ni color.

Besos, ¡pero no darlos! Gloria..., ¡la que me deben!
¡Que todo como un aura se venga para mí!
¡Que las olas me traigan y las olas me lleven,
y que jamás me obliguen el camino a elegir!

¡Ambición! No la tengo. ¡Amor! No lo he sentido.
No ardí nunca en un fuego de fe ni gratitud.
Un vago afán de arte tuve... Ya lo he perdido.
Ni el vicio me seduce, ni adoro la virtud.

De mi alta aristocracia, dudar jamás se pudo.
No se ganan, se heredan, elegancia y blasón...
Pero el lema de casa, el mote del escudo,
es una nube vaga que eclipsa un vano sol.

Nada os pido. Ni os amo ni os odio. Con dejarme,
lo que hago por vosotros, hacer podéis por mí...
¡Que la vida se tome la pena de matarme,
ya que yo no me tomo la pena de vivir!...

Mi voluntad se ha muerto una noche de luna
en que era muy hermoso no pensar ni querer...
De cuando en cuando un beso, sin ilusión ninguna.
¡El beso generoso que no he de devolver!

MANUEL MACHADO
(1874-1947)

## RETRATO

Mi infancia son recuerdos de un patio de Sevilla,
y un huerto claro donde madura el limonero;
mi juventud, veinte años en tierras de Castilla;
mi historia, algunos casos que recordar no quiero.

Ni un seductor Mañara, ni un Bradomín he sido
—ya conocéis mi torpe aliño indumentario—.
Mas recibí la flecha que me asignó Cupido
y amé cuanto ellas pueden tener de hospitalario.

Hay en mi venas gotas de sangre jacobina,
pero mi verso brota de manantial sereno;
y, más que un hombre al uso que sabe su doctrina,
soy, en el buen sentido de la palabra, bueno.

Adoro la hermosura, y en la moderna estética
corté las viejas ramas del huerto de Ronsard;
mas no amo los afeites de la actual cosmética,
ni soy un ave de esas del nuevo gay-trinar.

Desdeño las romanzas de los tenores huecos
y el coro de los grillos que cantan a la luna.
A distinguir me paro las voces de los ecos,
y escucho solamente, entre las voces, una.

¿Soy clásico o romántico? No sé. Dejar quisiera
mi verso, como deja el capitán su espada;
famosa por la mano viril que la blandiera,
no por el docto oficio del forjador preciada.

Converso con el hombre que siempre va conmigo
—quien habla solo espera hablar con Dios un día—;
mi soliloquio es plática con este buen amigo
que me enseñó el secreto de la filantropía.

Y al cabo, nada os debo; debéisme cuanto he es-
[crito.
A mi trabajo acudo, con mi dinero pago
el traje que me cubre y la mansión que habito,
el pan que me alimenta y el lecho donde yago.

Y cuando llegue el día del último viaje,
y esté al partir la nave que nunca ha de tornar,
me econtraréis a bordo ligero de equipaje,
casi desnudo, como los hijos de la mar.

Antonio Machado
(1875-1939)

## ROMANCE DE LAS OCHO HERMANAS

¡Cantares de Andalucía!...
¡Qué bien rima la guitarra
las sonrisas de Sevilla,
los suspiros de Granada
con el silencio de Córdoba
y la alegría de Málaga!
Almería, sus amores
sueña al pie de su alcazaba,
Jaén se adormece a la sombra
de un olivo y de una parra...

*DEL MODERNISMO AL TRANSVANGUARDISMO*

Huelva, la heroica y altiva
Adelantada de España,
¡sueña con un Nuevo Mundo
en el seno de otras aguas!
Y Cádiz, la danzarina,
baila desnuda en la playa
más blanca en sus desnudeces
que las espumas más blancas.

FRANCISCO VILLAESPESA
(1877-1936)

Por la costanilla azul
remonta la luna clara.
Noche de julio serena.
Velan el viento y el agua.

Brilla, cercano a las cumbres,
un piornal entre llamas.
Late un mastín en el hato.
Tiembla una esquila lejana.

De los álamos del río
llega un sonido de plata.
¿Será la voz con que sueño,
su dulce voz que me llama?...

No es sino engaño del aire
que dialoga con las ramas...
Yo pienso —lejos, muy lejos—
en unas verdes montañas.

ENRIQUE DE MESA
(1878-1929)

## RETRATO DE MUJER

Ella es una muchacha muy gorda y muy fea;
pero con un gran contento interior.
Su vida es buena, como la de las vacas de su aldea,
y de mí posee mi mejor amor.

Es llena de vida como la mañana;
sus actividades no encuentran reposo;
es gorda, es buena, es alegre y es sana;
yo la amo por flaco, por malo, por triste y por
[ocioso.
En mi bohemia, cuando verde copa
se derramaba, demasiado henchida,
ella cosió botones a mi ropa
y solidaridades a mi vida.

Ella es de esas mujeres madres de todos
los que nacieron tristes y viven beodos;
de todos los que arrastran penosamente,
pisando sobre abrojos, su vida truncada.
Ella sustituyó a la hermana ausente
y a la esposa que no he tenido nunca.

Cuando se pone en jarras, parece un asa
de tinajo cada brazo suyo; es tan buena ama de casa
que cuando mi existencia vió manchada y helada y
[destruida
la lavó, la planchó, y luego, paciente,
la cosió por dos lados a la vida
y la ha tenido al sol piadosamente.

RAFAEL ARÉVALO MARTÍNEZ

## HA LLEGADO UNA ESCUADRA

Ha llegado una escuadra: anochecido
buscó refugio al Sur de la bocana
y a la ciudad entera ha sorprendido,
surta en el antepuerto, esta mañana.

Seis unidades de combate forman
la división, y sus guerreras trazas
sobre el ambiente mate se uniforman
con el esmalte gris de sus corazas.

Por toda la ciudad ha trascendido
la noticia, y el ánimo despierto,
por toda la ciudad se vio invadido,
en un afán de novedad, el puerto.

¡Helos allí¡ Con sus recién pintadas
carenas y sus fúlgidos metales,
torreados de cofas artilladas:
graves de orgullo y de vigor navales.

Y acusan sus severas proporciones
en son de paz, una agresión latente...
Desde las explanadas y espigones
los curiosea, a su sabor, la gente...

Más lejos, los de tipo acorazado;
y en bahía, las fuerzas de crucero;
y junto al farallón, pulimentado
como un juguete lindo, un torpedero...

Brega por las cubiertas e imbornales,
en fajina, la tropa marinera;
y pasan los imberbes oficiales
con los gemelos a la bandolera.

Y pasma la premura diligente
con que ejecuta el atinado coro
las órdenes que mandan desde el puente
los comandantes de silbato de oro.

Todo está listo. Cesa el ajetreo.
Los artilleros guardan avizores.
¡Todo es prestigio, precisión y aseo
bajo los emblemáticos colores!

Y en tanto que las nubes se serenan
y la mañana perezosa avanza;
a intervalos iguales, lentos, truenan
los veintiún cañonazos de ordenanza.

TOMÁS MORALES
(1885-1921)

## UNA INGLESA HA MUERTO

Hoy ha muerto una inglesa. La han llevado
al cementerio protestante, envuelta
la caja blanca en flores y en coronas,
y el pabellón royal, como un trofeo,
lucía entre las rosas sus colores...

Un pastor anglicano la ha leído
toda una historia, al destapar la caja...
La colonia británica, elegante,
discreta y grave, no torcía el ceño...

Solemnemente, el acto fue pasando
sin dolor y sin pena bajo un cielo
español. Más correctos y pulidos
estos amables hombres desfilaron
ante la muerta.... ¡y deshojaron rosas
sobre la figulina adormecida!...

Uniforme la marcha, la tristeza,
el tono de la voz y el movimiento
del brazo..., una lección bien aprendida;
¡la exquisita mesura de sus modos!...

Y la muerta, a la tierra fue tornada...
Sola, al país del sol, llegará un día
y ni amantes ni hermanos, los azules
ojos cerraron... ¡Los azules ojos!...

¡Todo lo azul de esta Britania grave!

ALONSO QUESADA
(1886-1925)

## *BALADA*

El pasó con otra.
¡Yo le vi pasar!
Siempre dulce el viento
y el camino en paz.
¡Y estos ojos míseros
lo vieron pasar!
El va amando a otra
por la tierra en flor.
Ha abierto el espino,
pasó una canción.
¡Y él va con la otra
por la tierra en flor!
El besó a la otra
a orillas del mar.
Resbaló en las olas
la luna de azahar.
¡Y no untó mi sangre
la extensión del mar!
Y él besó a la otra
a orillas del mar.
El irá con otra
por la eternidad.
Habrá cielos dulces,
Dios quiere callar.
¡Y él será con otra
por la eternidad!

GABRIELA MISTRAL
(1889-1957)

*DEL MODERNISMO AL TRANSVANGUARDISMO*

## *CARTA LIRICA A OTRA MUJER*

Vuestro nombre no sé, ni vuestro rostro
conozco yo, y os imagino blanca,
débil como los brotes iniciales,
pequeña, dulce... Ya ni sé... Divina.
En vuestros ojos, placidez de lago
que se abandona al sol y dulcemente
le absorbe su oro mientras todo calla.

Y vuestras manos, finas, como aqueste
dolor, el mío, que se alarga, alarga,
y luego se me muere y se concluye,
así como lo veis, en algún verso.
¡Ah!, ¿sois así? Decidme si en la boca
tenéis un rumoroso colmenero,
si las orejas vuestras son a modo
de pétalos de rosa ahuecados...
Decidme si lloráis, humildemente,
mirando las estrellas tan lejanas,
y si las manos tibias se os aduermen
palomas blancas y canarios de oro.
Porque todo eso y más vos sois, sin duda,
vos, que tenéis el hombre que adoraba
entre las manos dulce, vos la bella
que habéis matado, sin saberlo acaso,
toda esperanza mía... Vos, criatura.
Porque él es todo vuestro: cuerpo y alma
estáis gustando del amor secreto
que guardé silencio... Dios lo sabe
por qué, que yo no alcanzo a penetrarlo.
Os lo confieso que una vez estuvo
tan cerca de mi brazo, que, a extenderlo,
acaso mía aquella dicha vuestra

me fuera ahora... ¡Sí!, acaso mía...
Mas ved, estaba el alma tan gastada,
que el brazo mío no alcanzó a extenderse;
la sed divina contenida entonces
me pulió el alma... ¡Y él ha sido vuestro!
¿Comprendéis bien? Ahora, en vuestros brazos,
él se adormece y le decís palabras
pequeñas y menudas que semejan
pétalos volanderos y muy blancos.
¡Oh, ceñidle la frente! ¡Era tan amplia!
¡Arrancaban tan firmes los cabellos
a grandes ondas, que, a tenerle cerca,
no hicieran otra cosa que ceñirla!
Luego, dejad que en vuestras manos vaguen
los labios suyos; él me dijo un día
que nada era tan dulce al alma suya
como besar las femeninas manos...
Y acaso alguna vez, yo, la que anduve
vagando por afuera de la vida
—como aquellos filósofos mendigos
que van a las ventanas señoriales
a mirar sin envidia toda fiesta—,
me allegué humildemente a vuestro lado
y con palabras quedas, susurrantes,
os pida vuestras manos un momento
para besarlas yo como él las besa...

Y al recubrirlas lenta, lentamente,
vaya pensando; aquí se aposentaron
¿cuánto tiempo, sus labios, cuánto tiempo
en las divinas manos que son suyas?
¡Oh, qué amargo deleite, este deleite
de buscar huellas suyas y seguirlas,
sobre las manos suaves tan sedosas,

tan finas, con sus venas tan azules!
¡Oh, que nada podría, ni ser suya,
ni dominarle el alma ni tenerlo
rendido aquí a mis pies, recompensarme
este horrible deleite de hacer mío
un inefable, apasionado rastro!...
Y allí en vos misma, si, pues sois barrera,
barrera ardiente, viva, que al tocarla
ya me remueve este cansancio amargo,
este silencio de alma en que me escudo,
este dolor mortal en que me abismo,
esta inmovilidad del sentimiento
que sólo salta bruscamente cuando
¡nada es posible!

ALFONSINA STORNI
(1892-1938)

## *EL CLAMOR*

Alguna vez, andando por la vida,
por piedad, por amor,
como se da una fuente, sin reservas,
yo di mi corazón.

Y dije al que pasaba, sin malicia,
y quizás con fervor:

—Obedezco a la ley que nos gobierna:
He dado el corazón.

Y tan pronto lo dije, como un eco,
ya se corrió la voz:
—Ved la mala mujer ésa que pasa:
Ha dado el corazón.

De boca en boca, sobre los tejados,
rodaba este clamor:
—¡Echadle piedras, sí, la cara mía,
pero no de rubor;
que me vuelvo a los hombres y repito:
¡He dado el corazón!

ALFONSINA STORNI
(1892-1938)

## LA CARICIA PERDIDA

Se me va de los dedos la caricia sin causa,
se me va de los dedos... En el viento, al rodar,
la caricia que vaga sin destino ni objeto,
la caricia perdida, ¿quién la recogerá?

Pude amar esta noche con piedad infinita,
pude amar al primero que acertara a llegar.
Nadie llega. Están solos los floridos senderos.
La caricia perdida, rodará... rodará...

Si en el viento te llaman esta noche, viajero,
si estremece las ramas un dulce suspirar,
si te oprime los dedos una mano pequeña
que te toma y te deja, que te logra y se va.

Si no ves esa mano, ni la boca que besa,
si es el aire quien teje la ilusión de llamar,
oh, viajero, que tienes como el cielo los ojos,
en el viento fundida, ¿me recordarás?

ALFONSINA STORNI

## *DINERO DE DIOS*

¡Tres, cuatro, cinco, seis, siete!
Una mano de Hacedor
Supremo palpa el Billete
Con júbilo creador.
Que va a sentirse muy digno
Del Poder en cuanto el Signo
De la Posibilidad
Se cierna sobre el papel
Hasta convertirse en... el
Más allá. —¡Dioses: gastad!

JORGE GUILLÉN
(1893-1984)

## *ROMANCE DEL DUERO*

Río Duero, río Duero,
nadie a acompañarte baja;
nadie se detiene a oír
tu eterna estrofa de agua.
Indiferente o cobarde,
la ciudad vuelve la espalda.
No quiere ver en tu espejo
su muralla desdentada.
Tú, viejo Duero, sonríes
entre tus barbas de plata,
moliendo con tus romances
las cosechas mal logradas.
Y entre los santos de piedra
y los álamos de magia

pasas llevando en tus ondas
palabras de amor, palabras.
Quién pudiera, como tú,
a la vez quieto y en marcha
cantar siempre el mismo verso,
pero con distinta agua.
Río Duero, río Duero,
nadie a estar contigo baja,
ya nadie quiere atender
tu eterna estrofa olvidada,
    sino los enamorados
que preguntan por sus almas
y siembran en tus espumas
palabras de amor, palabras.

GERARDO DIEGO
(1896)


*ROMANCE DE LA LUNA, LUNA*
    *A Conchita García Lorca*

La luna vino a la fragua
con su polisón de nardos.
El niño la mira mira.
El niño la está mirando.
En el aire conmovido
mueve la luna sus brazos
y enseña, lúbrica y pura,
sus senos de duro estaño.
Huye luna, luna, luna.

Si vinieran los gitanos,
harían con tu corazón
collares y anillos blancos.
Niño, déjame que baile.
Cuando vengan los gitanos,
te encontrarán sobre el yunque
con los ojillos cerrados.
Huye, luna, luna, luna,
que ya siento los caballos.
Niño, déjame, no pises
mi blancor almidonado.

El jinete se acercaba
tocando el tambor del llano.
Dentro de la fragua el niño
tiene los ojos cerrados.

Por el olivar venían,
bronce y sueño, los gitanos.
Las cabezas levantadas
y los ojos entornados.

¡Cómo canta la zumaya,
ay cómo canta en el árbol!
Por el cielo va la luna
con un niño de la mano.

Dentro de la fragua lloran,
dando gritos los gitanos.
El aire la vela, vela.
El aire la está velando.

**FEDERICO GARCÍA LORCA**
**(1898-1936)**

## LA HORA

Tómame ahora que aún es temprano
y que llevo dalias nuevas en la mano.

Tómame ahora que aún es sombría
esta taciturna cabellera mía.

Ahora que tengo la carne olorosa
y los ojos limpios y la piel de rosa.

Ahora, que calza mi planta ligera
la sandalia viva de la primavera.

Ahora, que en mis labios repica la risa
como una campana sacudida a prisa.

Después... ¡ah, yo sé
que ya nada de eso más tarde tendré!

Que entonces inútil será tu deseo
como ofrenda puesta sobre un mausoleo.

¡Tómame ahora, que aún es temprano
y que tengo rica de nardos la mano!

Hoy, y no más tarde. Antes que anochezca
y se vuelva mustia la corola fresca.

Hoy, y no mañana. Oh, amante, ¿no ves
que la enredadera crecerá ciprés?

JUANA DE IBARBOUROU
(1895-1980)

## VIDA - GARFIO

Amante: no me lleves, si muero, al camposanto.
A flor de tierra abre mi fosa, junto al riente
alboroto divino de alguna pajarera
o junto a la encantada charla de alguna fuente.

A flor de tierra, amante. Casi sobre la tierra
donde el sol me caliente los huesos, y mis ojos
alargados en tallos, suban a ver de nuevo
la lámpara salvaje de los ocasos rojos.

A flor de tierra, amante. Que el tránsito así sea
    más breve. Yo presiento
la lucha de mi carne por volver hacia arriba,
por sentir en sus átomos la frescura del viento.

Yo sé que acaso nunca allá abajo mis manos
    podrán estarse quietas.
Que siempre como topos arañarán la tierra
en medio de las sombras estrujadas y prietas.

Arrójame semillas. Yo quiero que se enraícen
en la greda amarilla de mis huesos menguados.
¡Por la parda escalera de las raíces vivas
yo subiré a mirarte en los lirios morados!

**JUANA DE IBARBOUROU**
(1895-1980)

## INVOCACION A LA LENGUA

Hazte hoy de hierro, Castellano mío.
Quiero palabras firmes, tensas, rojas,
que rajen y acaricien, rudas hojas
de arado y de puñal, hechos en frío.

La tierra seca del más hondo estío
en la que roto el corazón arrojas,
dura semilla que en tu sangre mojas,
dará, blanda, una espiga de alto brío.

Alma con fuerte vibración de acero,
con tu gracia de rosa macerada,
bella te adoro, y fiera te prefiero.

Al mediodía de oro árido alzada,
ruge y ríe y da en rojo al resistero,
con miradas de flor, iras de espada.

ÁNGEL MARTÍNEZ BAIGORRI
(1899-1971)

## MI NACIMIENTO

Anoche me dormí con las estrellas.
Frente a la Cruz del Sur que se inclinaba,
mi horizonte de sombra se llenaba
de ojos de luz por que tu Luz destellas.

Y nacían de Ti para ser bellas
todas las cosas que el dolor acaba
de hacer más bellas. Y mi amor amaba,
para nacer en Ti, morirse en ellas.

Porque fue luz la noche en mi alegría
y en la quietud de una tormenta el viento
suaves manos de sangre en que me hundía,

Con fatiga de paz mi pensamiento,
por astros que soñó, me abre en el día
sobre el Tuyo sin fin mi nacimiento.

ANGEL MARTÍNEZ BAIGORRI
(1899-1971)

## *EL SIL*

Contigo a la puente, al vado;
contigo a la mar sin fin;
al Miño, al Miño azulado
contigo me quiero ir.

Contigo, silbo delgado,
aire ligero de abril,
cuello de garza doblado,
contigo, contigo, Sil.

Contigo, que va curvado
cual cayado pastoril.
Si el bosque, la flor, el prado,
no se separan de ti;

si en mis ojos, reflejado,
pasas libre, juvenil,
contigo a la puente, al vado,
contigo me quiero ir.

ANTONIO OLIVER BELMAS
(1903-1968)

## EL PANADERO

¡Qué sagrado misterio,
oficiar de sacerdote
entre la harina y el fuego!
Multiplicando los panes,
hacer de las palas remos;
trocas los granos en miga;
las espigas, en sol tierno;
sembrar aromas calientes
en la tierra y en el cielo.
Mientras los demás descansan
cuán fecundo es tu desvelo,
que sobre blanco mantel
pondrá volumen moreno.
Hay que besarte las manos
con unción y acatamiento,
porque en ellas se compendian
el verano y el invierno.
Ante el altar que es tu horno,
altar de ritos eternos,
las manos hay que besarte,
sacerdote panadero,
para superar los labios,
en el trigo y el centeno.

ANTONIO OLIVER BELMAS
(1903-1968)

## *REVELACION*

Mi sangre me golpetea
resucitándome erguida.
Temía vivir sin sueños
y es mi sangre la que grita:
no vas a retroceder,
mantén tu antorcha encendida.
Por si creyera que no,
su voz airada me grita:
que sí, que sí, que ya vas
desbordadamente viva.
Afuera dolores viejos;
se han secado las heridas
del tanto penar a solas
para dejarte vencida.

No sé si es la primavera
que se siente ya venida
o es que me ofrece Dios
en vez de espinas, celindas.
Canto porque soy dichosa,
en milagro conseguida
junto a la luz de una tarde
que me ha devuelto a la vida.

CARMEN CONDE
(1907)

## *VIVIR*

Las cosas que nos duelen van despacio,
muchísimo más que el amor.
Ellas nunca eluden su presencia
y todo lo arrolla él.
No se sabe, entre amor y sufrimiento
quién es el que vence a quien.
El domina pasando cual tormenta
y ellas maceran sin cesar.
Ozono se respira cuando el rayo
y ellas nos destruyen con su hiel.
No se sabe si el amor o la tortura
marcarán por fin el fiel.
La penosa balanza no regula
lo que viviendo sentimos.
Nunca sabe tampoco si ha fijado
nuestro mal o nuestro bien.
Se padece y se goza al mismo tiempo,
dando a todos el ser.

CARMEN CONDE
(1907)

## *DISTANCIA*

No te busco, mi amor, estás muy lejos.
Te retengo en mi ser igual que a sangre.
Camino y agoto estos pobres pasos
y te llevo conmigo: vas muy dentro.
Me duele que parezca que te has ido
o que finges ausencia por dolerme.
Lo tanto que te quise cuenta y pesa
y yo me regocijo por andar sufriendo.
Quisiera recobrarte sólo un día,
un día que durara como muerte.
¿Qué puedo hacer sin ti, cómo te amo
de otro amor que este mío que conservo?
No te busco y estás como estuviste:
nuestros cuerpos en uno que no existe.

CARMEN CONDE
(1907)

## INMUTABLE

El mundo de los otros va fluyendo.
La nada de la vida les anega.
No hay un tiempo que ancho les acoja
para gozar sin acosos del afuera.
Todo va sin reposo, que es la prisa
el orden cardinal de su existencia.
Tú estás entre ellos, los que corren
de sus propias criaturas, desgajando
la sublime verdad de lo sereno.
Vas corriendo también ante tu paso
por no desentonar de la vorágine.
No te veo llegar aunque estás yendo
con otros, con aquellos; con ninguno
que devuelva cuanto derramas.
Es tu vida, la misma que repartes,
la vida que de ti me falta.

CARMEN CONDE
(1907)

## ELEGÍA DE UNA BARCA

Volcada, cara al suelo, medio hundida
en las arenas mismas de la playa,
barca deshecha ¿qué sollozo ocultas?
Se alzó mi compasión al encontrarte
tan vuelta boca abajo, como en llanto
inconsolable, de pudor patético.

Desgajado el reborde y todo un lado,
—costillar roto, de apariencia humana—.
La brea de tu casco, toda en gotas
como estrías de lágrimas, al claro
día de sol, de otoño levantino.

No has confesado quién te dio la muerte:
—¡No tuvo el mar la culpa... Así es la vida!
No has querido alejarte de la playa.
Ni has consentido que de tus maderas
se hicieran otros usos. Ni que el fuego
tus recuerdos marinos convirtiera
en pavesas del viento... Te has quedado
muy cerca de tu vida... Y así duermes
en las arenas de este mar que amaste
tendida como un beso indespegable.

JUAN BAUTISTA BERTRÁN
(1911)

## CALLE

Gran pendiente de asfalto, cauce seco
con márgenes de pordland, casas duras,
iluminado todo con neones
de ingrata luz, perforación profana
al matizado atardecer de octubre.

Y sobre el hule negro, el pavimento,
las flechas blancas de obligado paso,
la libertad de hoy...

La procesión del vértigo en riada
de coches. Vasta brillantez cromática,
metal y agitación y faro inquieto.
Entrecruces de luces y recelos
de las confluencias y de las esquinas.
Estridencias de freno y sobresalto.
Alerta rapidez en los peatones.

Mientras el cielo puro del otoño
abre, allá arriba, sobre este oleaje
su gran concha de ocaso, serenante,
la prisa enciende manos y motores
de tanto coche ¿para ir, a dónde?

JUAN BAUTISTA BERTRÁN
(1911)

## CORINTO

Con la inmensa elegía que te envuelve,
batallas, terremotos,
cautiverio de siglos,
devastación, incendios y ruinas,
¿por qué hay algo en tus aires que aún sonríe?
¿La invitación azul tras tus viñedos?
¿El oro vegetal de tus retamas,
veteado de mar, con que circuye
tu columnario dórico de Apolo?
¿La frescura sonora de la fuente
en la hondura de un templo allá en el ágora?
¿La belleza ondulada de tu golfo
que alarga su horizonte hasta el Parnaso?
¿La elegancia de vaso en que convierte
sus hojas el acanto en capiteles?
¿O la voz encendida
que vuela sobre tiempos y resuena
tan viva que aún sublima
la paganía de Eros en la altura
de un amor que la tierra ni soñara?

JUAN BAUTISTA BERTRÁN
(1911)

## LA FUGA DE LA TORTOLA

¡Tórtola mía! Sin estar presa,
hecha a mi cama y hecha a mi mesa.
a un beso ahora y otro después,
¿por qué te has ido? ¿Qué fuga es ésa,
cimarronzuela de rojos pies?

¿Ver hojas verdes sólo te incita?
¿El fresco arroyo tu pico invita?
¿Te llama el aire que susurro?
¡Ay de mi tórtola, mi tortolita,
que al monte ha ido y allá quedó!

Oye mi ruego, que el miedo exhala.
¿De qué te sirve batir el ala,
si te amenazan con muerte igual
la astuta liga, la ardiente bala,
y el cauto *jubo* del *manigual?*

Pero ¡ay!, tu fuga ya me acredita
que ansías ser libre, pasión bendita,
que aunque la llore, la apruebo yo.
¡Ay mi tórtola, mi tortolita,
que al monte ha ido y allá quedó!

Si ya no vuelves, ¿a quién confío
mi amor oculto, mi desvarío,
mis ilusiones que vierten miel,
cuando me quede mirando al río,
y a la alta luna que brilla en él?

Inconsolable, triste y marchita
me iré muriendo, pues en mi cuita
mi confidenta me abandonó.
¡Ay de mi tortola, mi tortolita,
que al monte ha ido y allá quedó!

JOSÉ JACINTO MILANÉS<br>
(1914-1963)

## LA VUELTA DE LOS VENCIDOS

Por la estepa solitaria, cual fantasmas vagarosos,
abatidos, vacilantes, cabizbajos, andrajosos,
se encaminan lentamente los vencidos a su hogar;
y al mirar la antigua torre de la ermita de su aldea,
a la luz opalescente que en los cielos alborea,
van el paso retardando, temerosos de llegar.
Son los hijos de los héroes que, en brazos de la
[gloria,
tremolando ante sus filas el pendón de la victoria,
regresaron otras veces coronados de laurel.
Son los hijos, la esperanza de esa raza poderosa
que, los campos fecundando con su sangre valerosa,
arrastra siempre el triunfo amarrado a su corcel.
Son los mismos que partieron entre vivas y cla-
[mores,
son los mismos que exclamaron: ¡Volveremos ven-
[cedores!...
Son los mismos que juraban al contrario derrotar;
son los mismos, son los mismos; sus caballos sudo-
[rosos
son los potros impacientes que piafaban ardorosos
de los parches y clarines al estruendo militar.
Han sufrido estos soldados los horrores de la
[guerra,
el alud en la llanura y las nieves en la sierra,
el ardor del rojo día, de las noches la traición;
del combate sanguinario el disparo, la lanzada
—el acero congelado y la bala caldeada—
y el empuje del caballo y el aliento del cañón.
Pero más que esos dolores sienten hoy su triste
[suerte,
y recuerdan envidiosos el destino del que muerte

encontró en lejanas tierras. Es mejor, mejor morir
que volver a sus hogares con las frentes abatidas,
sin espadas, sin banderas y ocultando las heridas,
las heridas que en la espalda recibieron al huir.
   A lo lejos el poblado ya percibe su mirada:
¿Qué dirá la pobre madre? ¿Qué dirá la enamorada
que soñaba entre sus brazos estrecharle vencedor?
¿Qué dirá el anciano padre, el glorioso veterano,
vencedor en cien combates? ¿Y el amigo? ¿Y el her-
                                            [mano?
¡Callarán avergonzados, si no mueren de dolor!...
   Y después, cuando a la lumbre se refiera aquella
                                            [historia
del soldado, que al contrario disputando la victoria,
en los campos de batalla noble muerte recibió;
y los viejos sus hazañas cuenten luego, entusias-
                                            [mados,
se dirán los pobres hijos del vencido avergonzados:
¡Los valientes sucumbieron y mi padre regresó!...
   Tales cosas van pensando los vencidos pesarosos,
que, abatidos, vacilantes, cabizbajos y andrajosos,
caminan lentamente, se dirigen a su hogar;
y al mirar la antigua torre de la ermita de su aldea,
a la luz opalescente que en los cielos alborea,
van el paso retardando, temerosos de llegar.

                                                      LUIS DE OTEYZA

## GARABATO

Con un trozo de carbón
Con mi gis roto y mi lápiz rojo
Dibujar tu nombre
El nombre de tu boca
El signo de tus piernas
En la pared de nadie
En la puerta prohibida
Grabar el nombre de tu cuerpo
Hasta que la hoja de mi navaja
Sangre
      Y la piedra grite
Y el muro respire como un pecho.

**OCTAVIO PAZ**
(1914)

## *LLEVABAS EN LOS PIES*

Llevabas en los pies arena blanca
de una playa desconocida.
Por eso cuando a mí llegaste
no sentí tus pisadas.
Llevabas en la voz desnuda
un compás de espera.
Por eso cuando me hablaste
no pude medir tu voz.
Llevabas en las manos abiertas
espuma blanca de aquel mar.
Por eso de tu bienvenida
no pude conservar la huella.

JOSEFINA DE LA TORRE
(1918)

## SOÑADORA

Ah, doliente criatura,
dime, ¿qué vas buscando?
¿Qué levantas en vilo
pretendiendo salvarlo?

¿Desde qué sombra dices
luminosas palabras?
¿De qué incredulidades
nace la fe que cantas?

¿Desde qué cárcel nombras
la luz, desnuda y alta?
¿De qué oscuro vacío
surges enamorada?

A veces no comprendo
Busco tus ojos, agua
que apenas me contesta,
tan honda va, tan cándida.

Busco tus ojos. Quiero
sorprender tu milagro.
No sé qué fronda o sueño
te salva del naufragio.

A veces no comprendo...
Como la brisa pasas
y por tus labios trémulos
transita la esperanza.

ANGELINA GATELL

## OTOÑO 1974

Tan hermosa es la tarde,
tan de cristal el cielo,
que en mi frente se aniña
la tristeza que llevo.

Raya un pájaro al aire
con su pico de fuego...
En mis manos, sus alas
me derrama un momento.

Los árboles, al fondo
de la luz, mudos, quietos,
dejan caer sus últimas
alhajas en silencio.

Es otoño el motivo
de la hermosura. Siento
su pulso rumoroso
señoreando el viento.

Si yo pudiera ahora
ser como fui otro tiempo...
latido del paisaje,
total advenimiento

de la tarde que cruzo
¿hacia dónde? No tengo
ni siquiera caminos...
Los ha borrado el miedo.

ANGELINA GATELL